子どもの願い いじめvs12の哲学

丹野清彦◉著

高文研

はじめに

子どもの願いというタイトルには、子どもたちがどのように悲しみや淋しさを抱え暮らしているのか、子ども理解を深めることは重要な大人の役割だという思いを込めました。

最初の話、さよなら家族は、家族に愛情や様々なものを求めることはやめよう、やめてあなたが家族に代わる人間関係をつくったらいい、友だちをつくったらいいと言いたいのです。人を頼り期待すると望み通りにならなければ、相手を批判し反発したくなります。大人も同じです。嘆く人生より、前を向いて生きる人生を選んでほしいと思います。けれど、相手は子どもです。どうしたら前を向いて生きることができるのでしょうか。そのために大人は何かをしなければなりません。それがこの本に流れるテーマであり、12の話を重ねました。

わたしは長く小学校で担任をしてきました。実践のキャッチフレーズは、ひとりぼっちをつくらない。人生は友だち探しの旅です。ひとりぼっちだと学校は楽しくありません。それに孤立していると、いじめが起きる恐れもあります。たとえ嫌なことがあっても、帰り道に友だちと一緒に話しながら帰ると楽しい時間になり、いい思い出になった経験ってありませんか。ひとりでも友だちがいれば、どんなことがあっても生きていける。本当の友だちに出会う旅。それを応援するのが大人の仕事であり、友だち物語をつくることこそ、いじめに対抗する方法だと考えています。

そうは言っても、出会った子どもたちや学級には多くの危機がありました。学校生活には、いや職場にしても何らかの集団にしても、人が集まればいじめの危機があるはずです。それを当然起こりうると予想し、行動を読み取り、積極的に対応する必要があるでしょう。

本書では、重大ないじめ事件にならなかったものの、その恐れを感じ泥臭く弱音を吐こうとする自分と向き合い、実践してきたことを12の哲学という形で紹介しています。あなたは、いじめの世界から子どもを救い出せるのか。いろいろな発見をしながら読んでいただければ幸いです。

子どもの願い　いじめ VS 12の哲学

一章　大人も敵、自分も敵

二章　世の中の仕組みがいじめ

カバーデザイン　藤森瑞樹

ＤＴＰ組版　えびす堂グラフィックデザイン

一章

大人も敵、自分も敵

1 ネコが友だち、さようなら家族
――背景を理解する

はじまりはいつも小さい。わたしは誰かのとなりに座り、ふわーと話しかけるのが得意です。けれども、わたしは自分の心にうっすらとベールをかけています。それは、素顔の自分を見られたくないからです。相手の素顔には興味があります。

どういう幼い時期を過ごし、どんな育てられ方をしたのか、これが背景です。それがわかると、この人がなぜこういう人になったのか、理解できそうな気がします。好きとか嫌いとか感情的なことではなく、いつも人を理解したいと思います。人間に興味があるんです。けれど、自分のことは上手にかくしているんですよ。相手には興味を持ち続けてほしくてね。

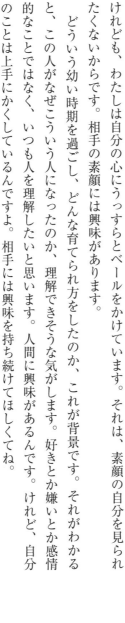

1 少年ワキベ

ネコのなき声を聞くと思い出します。ワキベは五年生です。三年の頃から休みがちで、万引きを繰り返しました。始業式の日、ワキベは遅刻しました。細い腕、荒れた肌、汚れたままの服。体から変な臭いがしました。まわりの子どもたちから嫌がられても不思議ではない、配慮の必要な子でした。実際に彼が給食を配ろうとしてもうまくかわしていきました。あからさまないじめが起きていないだけで、まわりの子どもたちは彼を避け、ワキベは孤立していました。

楽しいはずの休み時間が、ひとりぼっちだとみじめに感じてしまう。みんなが遊んでいるのに、ワキベはひとりぽつんともう四年も座っていました。

（ごめんな、冷たい学校で）

あやまりたくなりました。ワキベは週に一日は休み、二日は遅刻しました。なにもしなければ、いじめが起きるか、もう始まっているのか。冷たい目に疎外感を感じ不登校になるのか、そういう悲しい未来が見え隠れしました。大人の出番です。

2　ネコが友だち

家庭訪問に行くと、家は飲み屋街のスナックが並ぶ四階にありました。

「あいてるわよ」

お母さんは出迎えてもくれません。六畳二間の狭いアパート。廊下を通り奥へ行こうとするとなにか散っている。それをぴょんぴょんと飛び越えると、

「にゃーん」

正座した膝にネコが……。見渡すとまわりに三匹、押し入れの襖を遊園地に二匹、隣の部屋にも一匹、あわせて七匹もいました。何を話したか覚えていません。わたしはネコが嫌いでした。それでも、

「お茶をどうぞ」

お母さんの言葉に応え、親しみを示すために無理して飲みました。家庭訪問が終わりドアを閉めた時、風がピューと吹きました。真新しいスーツからネコの毛が飛ぶのが見えました。変な臭いはネコでした。

だけどおかしくないですか。ネコがいくら好きでも七匹は多すぎます。もしかしたらネコが友だちなのか。だったら、人間の友だちができたらネコは減るのかな。ネコがものさしか、少年ワキべと七匹のネコ、物語風の実践タイトルが浮かんできました。

3　ふで箱がない

「三日間遅刻しないできたら、なんでも望みを叶えてあげるよ」

わたしは、ワキべの肩に手を置きました。そして、

「本母、きみはワキべと家が近いから誘ってくれないか」

と頼みました。クラスの底辺にいるのがワキベです。本母くんは勉強ができ人が良く、彼が関わってくれたらワキベはひとりで過ごす時間が減ります。ひとりぼっちでなくなれば、いじめが起きる恐れも減るはず、名案だと思いました。

「先生、ワキベくんは三日間遅刻しないで来ました！」

本母くんの声が朝から響きました。ひとりよりもふたり、驚くことに子どもには大人にできないことができきました。

「では、商店街へ行きましょうか」

私は放課後、ふたりに声をかけ歩道橋を渡ると、車の騒音がこの日は心地よく感じられました。

「なにが食べたいのかな」

（アイスクリームか、たこ焼きだろう）

「食べ物はいらん。ふで箱がほしい」

文房具屋へ入りました。

（ふで箱がないのか）

あわてて彼の後を追いかけて本母くんが入りました。

「ワキベ、ネコの柄のふで箱があるよ」

「そこまではネコはいらん」

（ネコはいらん？）

ワキベの言葉に、わたしは敏感に反応しました。

学校へ戻るとワキベは、ふで箱の内側にティッシュを敷き詰めました。そして、ふで箱を机の中にしまいました。

「家には持って帰らないんですか……」

「もって帰れん」

ワキベは、ポツンとつぶやきました。

(なんで……)

わたしは心の中で問い返しました。それを見透かしたように本母くんが、

「中学生の兄ちゃんが荒れてるんや。ワキベがふで箱を持って帰ったら、兄ちゃんが取るんやろうな」

教えてくれました。

(ざんねん……)

わたしは想像していました。ワキベがふで箱を持って帰る。それをお母さんが見つけて、

「この新しい筆箱は、どうしたの?」

問い詰めます。するとワキベが、

「先生が買ってくれた……」

弱々しく答えるでしょう。お母さんの表情が、

（丹野先生いい人やわ）

と変わらないかな、と期待しました。家庭訪問でも、お世話になりますとは言われなかったのです。でも、しょうがないと思います。ワキべは万引きをしました。その度に親は呼び出され注意されたでしょう。ワキべの家庭は孤立していました。そんな親が、学校の先生を好意的に見るはずがありません。だからこそ見方を変えるチャンスだと思ったのに、その思惑は外れました。

4　大人のいじめ

ぽたぽたと軒先から雨のしずくが落ちました。学校と警察署の間にある柿の葉が太陽でキラキラと光っています。アイスクリームが給食で初登場です。ひとつ残ったアイスをめぐって興奮していました。そんな時、生徒指導の担当が教室にやってきました。

「ワキべがデパートで万引きするのを二年生が見たというから話が聞きたい」

低学年の子どもでさえ、ワキべにレッテルを貼っているようでした。

「まちがいないんでしょうか」

念を押しました。すると、

「いつものことやけんな、万引きしているのを見たらしい」

と言い直し、

「くせになってるんやろうな」

貼ったのは大人かも知れない、大人のいじめや、わたしは思いました。

「警察は疑うのが仕事でしょうが、学校の先生というのは、子どもを信じるのが仕事だと思います。疑って間違え、もしお母さんが苦情を言って来たら先生が責任をとってくださいね」

わたしは、冷静を装い学校の裏にある警察署を指さしながら言いました。

「確認してくる」

生徒指導の担当は、くるりと背中を向け階段を下りていきました。その日の放課後、ワキべが涙を拭きながらグランドの隅を歩いていました。

（おかしい、いまごろなぜ……）

さようならをして、一時間がたっていました。職員室の窓を開け、声をかけようとした瞬間に、

「丹野さん、あんた甘いで。ワキべを残して取り調べたら認めたで」

担当がいじわるな笑いを浮かべました。わたしは全身の力が抜けました。その夜、眠れません。信じた自分が甘いのか、わたしは悶々としました。

翌日、ワキべを音楽室に連れていき、

「きのう先生には取ってないと言い、担当の先生には取ったと答えた。自分でも何が真実かわからなくなっているんやないか。真実だけは、はっきりしよう。だれにも言わないから、本当のことを一度だけ話してくれ」

昨夜考えたセリフを思い出しながら、ゆっくり語りました。すると、

「一度は手にとった。けれど先生の顔が浮かんで元の場所に返した」

小さな声で答えました。これが誰にも話さずにいられるでしょうか。わたしは昼休み、生徒指導の担当に真実を伝えました。

5　虫歯が九本

夏休みが明け運動会の練習が始まりました。その三日後、ワキベが顔をはらしてやってきました。

「誰に殴られたんか」

「ちがう……」

そう言って頬に手を当てました。

「歯が痛いんや……」

「ワキベ、お前はまだ虫歯の治療にいってないんか」

声を荒らげました。すると、廊下を通りかかった教頭先生が手招きしました。

「もしかしたら、保険証がないんじゃありませんか」

（保険証がない……）

「お金を払ってないと取り上げられますから」

秘密ですよと断りながら教えてくれました。わたしはまたもその夜、ひとり考えました。そして次の週、彼を連れて階段を登りました。

「ここは豪華ですね」

ワキベが珍しく口を開きました。今日は給料日、お金をおろし歯医者に彼を連れて行きました。一階が待合室で、らせん階段を上がると診療室がありシャンデリアから豪華な光が注ぎました。

(治療代が高いかもしれないな)

わたしは財布を確認しました。すぐに名前を呼ばれましたが、治療は長く外が薄暗くなった頃、ワキべは泣きながら出てきました。後ろに白衣を来た初老の先生が立ち、

「九本のうちの三本を治療しました。また連れてきてください」

ワキべの頭をそっと触りました。

「あのう、いくらお支払いしたらいいのでしょうか」

わたしは、ポケットに入れた財布を確かめました。すると、

「事情は四浦さんから聞いていますよ。気にしないでください。ほかの人の保険に付けておきますよ」

豪快に笑いました。四浦さんは歯科機材屋さんをしていました。それで歯医者を紹介してもらいました。わたしは帰り道、四浦さんのうちにワキべを連れて寄りお礼を言いました。四浦さん

は、

「歯医者は儲かっているから気にせんでいいのよ」

と、微笑《ほほえ》みました。なんだかとっても嬉しくなりました。

「さあ次に行こうか」

「次って、どこへ？」

「ワキベのうちへだよ。かってに歯医者に連れて行ったから、お母さんにあやまるんだよ」

「ふーん、せんせいって意外と大変なんだね」

ワキベとわたしは、ネオンの灯る夜の街を急ぎ足で抜けました。

6　かすんで見えない

イチョウの葉が色付きました。校庭には銀杏《ぎんなん》が落ち教頭先生が拾っています。それを集め、毎年バザーで販売しました。だんだんシャツ一枚で過ごすには肌寒くなり、薄いセーターを着ました。ワキベは遅刻が減り、欠席も少なくなりました。本母くんと帰ることが増え、帰り道が待ち遠しい時間に思えました。そんな時、ワキベのお母さんから連絡を受けました。

「転校しようと思います」

（そんな……）

わたしは抵抗しました。けれど、一一月の末で引っ越すと言います。なんとか三〇分ほど食い下がり、一二月まで延ばしてもらいましたが、気持ちは複雑でした。もう少しいれば、本当の友だちができる気がしました。ワキベが給食を配っても、子どもたちは嫌がる素振りを見せなくなりました。朝、ワキベの席が空いていれば、

「きっと遅れてくると思う」

本母くんが答えました。そんな子ども同士のつながりが生まれ始めていました。なのに、お母さんは転校させたいと言い張りました。あと一ヶ月もありません。わたしは、伝統工芸を見学に行く電車の中で計画を実行しようと思いました。

日田からの帰り、電車のボックスに子どもたちを集めました。ワキベと本母くん、お母さんのいない景虎くんが向かい側に、わたしの隣にはお父さんのいない夏代さんが座りました。

わたし「なっちゃんは、お父さんがいないやろ。毎日どうしているの」

夏代「わたしのうちは、母さんと二年の弟の三人暮らし。母さんが働いているから、わたしがお米を研いで洗濯物をたたんで待っているの」

わたし「そうなのか。景虎くんはお母さんがいないけど、どんな暮らしをしているのかな」

景虎「うちは、ばあちゃんと父さんと兄ちゃんの四人暮らし。父さんは銀行から遅くに帰ってくるから、それまでにおれは風呂の掃除や宿題をして待っている」

彼らは、打ち合わせたことを話してくれました。クラスの三割が片親家庭でした。

「ワキべも、ふたりと立場が似ているやろ。こんなふうに自分でできることを増やしたらどうか」

ワキべを見つめました。するとワキべが目をそらし、もう一度黙ってわたしを睨みつけました。目には涙が溜まっていました。列車の揺れる音が繰り返し体に響きました。彼のわたしを睨みつける目が寂しそうでした。先生は、ぼくの悲しみを知らないのか、嘆いているように思えました。その目を見つめていると、はっと思い出しました。その目はかつてのわたしの目でした。中学校二年の時に父を失い、悲しみに必死に耐えようとしたわたしの目。わたしは、

「先生のことを父さんと呼んでいいんだよ」

いい言葉が見つからず、言いながら自分と言葉が離れていくのを感じました。

「おれは、父さんなんかいらん」

ワキべは再び目をそらし、窓の外を見つめました。そして、

「父さんは、バットを持っておれや母さんや兄ちゃんを殴ろうとしたんや。おれたちは逃げた。走って逃げた。けど、バイクで追いかけてきた。すごいスピードでな。それで、カーブを曲がりきれずにこけた。バケツにぶつかったんや。いい気味や」

ワキべがゆっくり目を閉じると、一筋涙がこぼれました。わたしは、深いところに触れたのかもしれないと思いました。

「おとなを信じるからよ。そうやっていつも辛い思いをするのは、わたしたち子どもよ」

なっちゃんがうつむきました。すると、

「そうや。いつも犠牲になるのはおれたちや。おとなは、自分勝手や。おれたちの気持ちは少しも考えん」

景虎くんが、ワキベの肩に手を置いて涙をぬぐうと沈黙が流れました。

（打ち合わせと違うことをしゃべりやがって……）

子どもが背負っている背景とは、こんなに深いものなのか、初めて知りました。そして教師とは無力なものだとも。外の景色が霞んで見えました。

7　いまネコは、何匹？

一二月がやってきました。ワキベのお別れ会が始まります。ゲームをして雰囲気を明るくしたところでハミングしながら、ひとりずつワキベにプレゼントをわたします。最後にクラスを代表して景虎くんと本母くんが前に立ちました。

「ワキベ、きみがぼくと似た生い立ちがあるなんて、少しも知らなかった。あの時、そのことがわかって驚いた。もう少し早く知っていたら、ぼくはきみを家に招待して一緒にゲームをしたと思う。もう少しいれないのかい」

そこまで語って、景虎くんは泣き崩れました。自分の淋しさを思い出したのかもしれません。

本母くんが、

「ワキベ、五年になってきみを呼びに行き家のことが少しわかったよ。ネコが好きなんだね。ぼくはいつもきみと帰れて楽しかった。これからぼくは、だれと帰ればいいんだろう」

とぎれとぎれ泣きながら言うと、大きく深呼吸をしました。そして、

「ワキベ、転校した新しい学校で一緒に帰る人を見つけてくれ。さようならワキベ……」

ワキベは、机に伏せて肩を揺らしています。

（ここまで泣くのか）

するともうひとりのわたしが、

（ワキベからの言葉が必要だよ。彼の歴史に残すんだ）

と、ささやきました。

「ワキベ、きみがみんなに話す番だよ」

背中をやさしくさすりました。ワキベは泣き続けました。五分くらいたった頃、涙をぬぐいながらゆっくり立ち上がり、教室の前にやってきました。

「ぼくは今までネコが友だちで、いつもネコと遊んでいました。だれからも相手にされず、学校でひとりだった。だけど、はじめて人間の友だちができました。ぼくは、ぼくは……」

と言いかけて、声を上げて泣きました。

「いま、ネコはなんびき？」

わたしは、そこが知りたかったのです。

「二匹」

景虎くんが答えました。

「商店街の入口で、ネコをもらってくれる人を探した」

本母くんがハンカチで拭きながら付け加えました。その時、後ろのドアが開きました。ワキベの母さんが右手に大きな紙袋をさげやってきました。

「転校なんかしたくねえー。おれは転校したくねえんや！」

ワキベは、叫んで前の扉から飛び出しました。

子どもたちが帰った教室で、

「もう少し、この学校にいることはできなかったんですかね」

わたしは聞きました。

「先生、中学三年の上の子が深夜徘徊をはじめて家に帰らないいんです。ビルの屋上に隠れたりしています。わたしは田舎に戻り、もう一度家族三人いちから出直したい。三人でご飯を食べながら笑いたいいんです。田舎でならできそうな気がするんです。そう願うのは贅沢ですか」

しぼりだすように語ってくれました。

8　背景を理解しよう

ネコが七匹いて、遅刻が多く万引きしたワキべ。けれど彼の背景を探っていくと意外なことがわかりました。背景、それは行動の裏側のことです。子どもといっても、隠れたドラマを背負っています。今までにたくさんの苦しみや悲しみ、恨みがあり、それを溶かしてくれるのが友だちです。

ワキべ親子のしあわせはすれ違っていました。母は、田舎で家族を取り戻すことを夢み、ワキべは、家族に幸せを求めることをやめました。家族へ期待しても応えてくれないことを知り、友だちと友情物語をつくろうとしたのです。

実はワキべと半年後に再会しました。コンビニで万引きし、わたしが呼び出されました。友だちとふたりで大分に遊びに来たそうです。わたしはその時、

（きみは、ひとりじゃなかったんだなあ）

と、ちょっとだけ嬉しくなりました。夢はきっと叶う、そんなふうには思いません。人生はそんなに美しくはいきません。けれど、きみには本母くんや景虎くんがいた、それがきみにとっての夢じゃなかったのか。たった一年だけどいい時代があった、それだけは忘れないでください。

2 相手にされない、いつも遅刻
——居場所をつくる

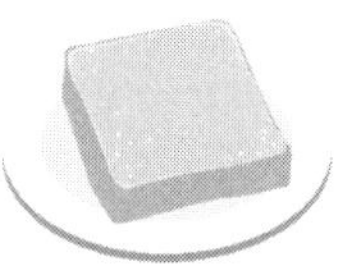

子どもの頃、新聞配達をしていました。近所の二つ上の人が新聞を配達していて、ついて歩いたのが始まりでした。変わったことが好きでした。よく新聞を配達しながら夜が明けてきて、山に陽が昇るとあの山の向こうは、どんな町があるんだろうと想像したものです。

こういうわたしを当時の学校は認めてくれました。国語のお話づくりや文化祭のシナリオを書くときに頼まれました。これがわたしの居場所です。けれど、働き始めると居場所と出番をつくることを忘れ、子どもたちを学校にあわせよう、きまりを守らせようと注意する場面が増えていきました。

1　たった五分遅刻する福山くん

福山くんは、毎日たった五分遅刻しました。五分なので、若かったわたしは気合いが足りない、気持ちで解決できると思いました。

「ほんの五分、早く起きれんのか」

と激励しました。それでも遅刻すると、

「もっとがんばれよ。五分やろ。しっかりせんか」

言葉を強くしました。

教師が指導するとは注意することであり、強く注意するとは子どもが泣くまで叱ることだと、当時だれからも教わったわけではありませんが、そう思い込んでいました。そして子どもが泣くということは、わかったということだと思いました。だから福山くんが叱られ泣くのをみると、

（ああ、わかったんだな）

と安心したというか、満足しました。

けれども、福山くんは約束を裏切り遅刻は減りません。それどころか、福山くんを注意するたびに学級集団から離れ、ひとりぼっちになるようでした。教師が子どもを注意するということは子どもたちから見れば、

（ああ、また叱られている。あいつは悪い子なんだ）

と思うようです。

集団というのが、オムレツのようにふんわりとまとまっているもので、炒り卵のようにバラバラにはならないものだという幻想がありました。でも、福山くんが遅刻を繰り返し注意される

と、その様子を見た子どもたちがヒソヒソ話し、声をかける人が減っていきました、このような道をたどり、福山くんはフライパンから飛び出した炒り卵になりました。

教師からも学級からも見捨てられるかもしれない、福山くんにとっても危機です。ただ、わたしは新聞配達をしながら時間を守らなければ、叱られた経験を持って育っていました。ちょっとした寝坊で配達が遅れ六時半頃に配ると、

「これじゃ読む時間がねえやろ」

と、怒鳴られることはよくありました。こういう、自分が頑張ってきたことが、相手にできないと人間は怒りたくなります。しかも、怒る以外に方法を知りません。九月が終わり、一〇月になっても遅刻は続きました。遅れて来る福山くんを気にかける子どもはいなくなりました。静かないじめの始まりです。

2 朝六時に走ろう

今朝は全校集会がグランドであります。この日も五分遅れてやってきました。グランドに全校の子どもたちが整列しています。教師の多くは子どもたちの前で、こんなふうに気をつけするのよ、と言わんばかりに立っていました。そこへ福山くんがやってきたのです。

彼は、遅刻だというのにパタパタと音を立て、自分の列に入ろうとしました。

（何を考えているんか）

わたしは、ムカッとしました。

「遅れた人は後ろです」

隣のクラスの先生が注意しました。

（そんな冷たい言い方はないやろ）

自分が怒っていても、誰かがもっと冷たく注意すると急に冷静になる。わたしは落ち着きを取り戻しました。彼のそばに静かに立ちました。すると、

（また、丹野さんのクラスの福山くんが遅刻やな。指導が甘いんやないか）

同僚の視線ほど痛いものはありません。

その時わたしは、もしかしたら自分のために叱っていたのかもしれない、と思いました。遅刻してくるから彼のために注意する。そういうポーズをとりながら、うちのクラスはちゃんとしています。わたしを少しでも良く見せたいから、子どもを注意しているのかもしれない。わたしの注意が、彼の居場所を奪ってクラスの隅へ追いやっている気がしました。怒ったところで遅刻が減らないことは、もうわかっていました。

「あしたの朝、きみの家の近くにある三角公園を走らんか」

集会が終わり職員室に戻るとき、偶然となりに福山くんがいました。わたしはとっさに言ってしまいました。そして通り過ぎようとすると、

「えっ本当?」

福山くんは反応しました。

「あさ六時集合でどう?」

わたしは、思っていることと違うことを口にしました。

「ほんとうに?」

彼が念を押してきました。その日の帰り道、ホームセンターに寄って、一九八〇円もする目覚まし時計を買いました。

「ルル、ルル、ルル……」

五時四〇分、目覚まし時計の音で飛び起きると目をこすりながら車を走らせました。福山くんは待っていました。

（起きれるやねえか）

言葉を飲み込み、ふたりで走りました。

「先生の言いたいことはわかるよな」

ニヤッと笑ったわたしに、

「はい、わかってます。大丈夫です。今日は遅刻しませんから」

と笑い返しました。そして、

「先生、ちょっと待ってて」

その場から姿を消しました。二分くらいして紙袋を手に提げて戻ってきました。そして、

「はい、これ」

と、差し出したのです。

「なに？」

わたしは福山くんの顔をみました。すると、

「うちの父さんから」

そう答えて、ニコニコしていました。中には、普通の食パンの三倍も長い食パンが入っていました。福山くんのお父さんは、パン屋さんの所長をしていたのです。

（三倍か。普通二〇〇円で六〇〇円分。三回走れば目覚まし時計か）

そんな計算が頭をよぎりました。

3　食パンクラブの誕生

学校へ行くと福山くんは、約束通りに来ていました。そして、まわりの子どもたちに、今朝のできごとを話しているようでした。

「先生、明日も朝走りましょう」

ある子どもが叫びました。ほかの子どもたちもわたしの言葉を待っています。期待の目を感じな

がらも、

「いやあ、毎日はちょっと。来週の木曜日ならいいよ」

子どもたちは歓声を上げました。

それから一週間がたちました。朝の公園に着くと福山くんと六人の子どもたちが待っていました。わたしたちは、まだ薄暗い公園を走りました。そして、福山くんが家に戻り紙袋を持ってくるのを待ちました。福山くんは突然、

「一、二、三、四、五、六、六人か」

とつぶやきました。そして、袋からパンきりナイフを取り出し人数分切り始めました。

(ぼくのパンが減るやん)

わたしは呆然としました。すると、

「先生の分は、ちゃんとあるからね。安心してな」

と、ロングの食パンをくれました。

「ぼく、また走ってもいいなあ」

誰かが言いました。

「先生、来週も走ろうよ」

子どもたちが口々に叫びました。わたしが自分の紙袋を見ながら、

「それもいいかな」

と答えると、子どもたちは飛び上がりました。

「名前がいるなあ。走るぼくらに名前をつけようや」

福山くんが提案すると、

「そりゃあ、パンの名前やろ」

「だったら、食パンクラブやな」

毎週木曜日に走ることになりました。


福山くんの遅刻は、この日を境になくなりました。それは、どうしてか。始業式の日、校長先生が担任を発表しました。そのときから、わたしは担任だと思い、ちゃんと出来ない子を注意してきました。その中のひとりが福山くんです。けれども、彼は注意に従いません。静かに反抗しました。でも、彼の側から教師を見ると、ぼくはこの人を担任と認めたおぼえはない。そもそもこの人は、ぼくに注意しかしなくてぼくのために何もしてくれない、と感じたのかもしれません。

一緒に走ることは、彼のためにわたしがした注意以外のことでした。福山くんは初めて恩に感じて、注意を聞いてやろうかと思ったのではないでしょうか。人が相手の言うことを受け入れるには、理屈と感情の両面あります。言っていることが正しい、これは理屈です。でも、と反発したくなることもあるでしょう。ところが言っていることはおかしい、けれど受け入れてしまう、これも感情です。人間というのを理解しないと、子どもの指導はうまくいかないものだと考えさせられました。

4　居場所をつくる

さて三週目、公園に着くと子どもたちは一一人に増えていました。みんなで走り、終わるといつもの食パンがやってきました。福山くんがさっそうとパンきりナイフを取り出す。そのナイフが朝日にあたってキラッと光る。だれかが、「美しい」と声を上げる。福山くんがその声を無視して、みんなを見渡し人数を数える。すると、勘のいい子が

「人数が増えると、パンが薄くなるー」

と嘆く。笑い声が上がるね。でもわたしは、自分の分はちゃんとあることを知っているから余裕で見守る。わずか一五分ほどの朝の特別なことが終わると、子どもたちは家に帰っていきます。その後ろ姿を見ながら、わたしも車に乗り込みます。集団から離れ孤立していた福山くんは、食パンクラブのおかげでみんなの中に。いいえ、みんなが彼の方へ近づきました。パンのおかげです。けれど、ひとりぼっちの子どもがいたら、

「きみがそんなんだから、友だちがいないんだ。少しは努力しろ」

できる努力ならいいのですが、多くが無理な注文です。

福山くんの場合は、パンから生まれた偶然です。福山くんは人気者になりました。食パンクラ

ブが彼の居場所、そこへ行けばパンがもらえます。無視をする人もいなくなり、彼のまわりには食パンクラブの子どもたちがいます。学年の先生たちが、どんな魔法をかけたのと聞いてきたので、

「シナモン」

と答えました。本当は甘い友だちです。

人は頼られてこそ育つ、持ち味や好きなことを中心に居心地のいい場所をつくってあげるとそれが居場所になります。わたしは自分を良く見せようと福山くんを注意していたのかもしれません。そのことが彼を孤立させ、ひとりへと追い詰めていったのです。あなたの指導は、本当に子どものためですか。あなたの指導で学校は楽しい、今日も来てよかったと思うでしょうか。見直してください。大人の指導が、いじめを生むこともありますから。まず居場所をつくりましょう。

3 アイドルのちから
――子どもの力を借りる

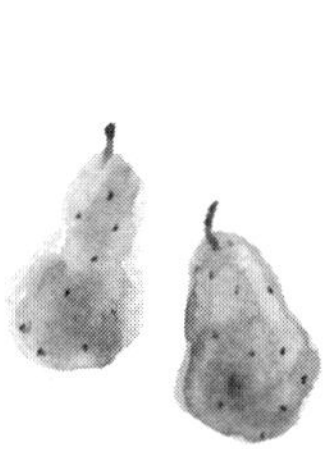

初めての赴任地は大分県湯布院町です。由布岳を中心とした山々に囲まれた盆地で朝霧が立ち込め、それが日差しを浴びながら少しずつ消えていく。街はどこを掘っても温泉が出るほどで、公民館の一階は地域のお風呂、二階が集会室になっているところがたくさんありました。

わたしは、春になると山肌に火をつける野焼きの風景が好きでした。燃やされたあとの匂いは、なんともいいものでした。一ヶ月もたたないうちにそこにワラビやゼンマイが育ち、子どもたちはそれを摘むと旅館や民宿に持って行きました。ひと掴み一〇〇円で買ってくれると話していました。

1　脱走する延岡くん

初めて受け持ったクラスは五年二組。四〇人の子どもがいました。その中に延岡くんというパニックを起こすと教室を飛び出し、二キロ離れた幼稚園まで脱走する子どもがいました。初めは子どもを気にかける余裕もなく、気づかなかったのですが、六月の初めに自分の椅子を振り上げ床に叩きつけ、そのあと児童用の机を思いっきり蹴り倒し幼稚園に脱走しました。わたしは、何が起こったのかわからず困りました。それでも新採用のわたしは、

「延岡のやつ、なにを考えているんか」

と腹が立ち、延岡くんが幼稚園から戻ってくると叱りました。

けれども、帰りの車に乗ると、

「ああいう叱り方はないんじゃないの」

と、もうひとりの自分が責めてきました。

「他にどうすればいいというのか。教えてくれ」

わたしが開き直ります。湯布院の町を背に由布岳の登山口を通り過ぎると、今度は別府の街が見えてきます。ゆっくり右に左に揺れる白い煙、湯けむりです。その先にはネオンが光り、さらに別府湾が広がります。月の出ている夜は特別美しかったです。その美しさに、学校のことを気にかけるのは終わりにしようと気持ちを切り替えました。

けれど、朝は逆です。由布岳の登山口を過ぎると湯布院の盆地が目の前に広がります。三日に一回は、湯布院盆地が朝霧に包まれ幻想的です。しかし、気持ちは現実的でした。

(今日は脱走しないでくれ)

心の中で願っていました。けれども七月のはじめ、延岡くんがパニックを起こしました。

ガシャーン。椅子を叩きつける。きゃー！　子どもたちが声を上げて後ろへ下がる。次の瞬間、延岡くんが机をひとつ蹴り倒す。

バーン。みんなが息を飲む。わたしも声が出ない。ダダッと延岡くんは廊下を走り、いつもの幼稚園まで逃げました。わたしは、昨年の担任の教室へ行って、

「延岡くんの脱走を止めたいんです。なんとかなりませんか」

授業中でしたが、お構いなしで頼みました。すると去年の担任は、

「そうねえ、お腹が減ったら帰ってくるわ」

のんびりした口調で答えました。一年就職浪人してやっと教師になったわたしは、

（そんな無責任な……）

と思い、そのまま校長室へ行きました。そして校長先生に、

「延岡くんの脱走をやめさせたいのです。アドバイスをしてください」

熱を込めて頼みました。すると校長先生が目をそらして、

「脱走ねえ、給食時間は帰ってきてるな」

腕組みを解いて、ポーンとひとつ手を打ちました。

（またか）

わたしは落胆して校長室をでました。結局、夏休み前にも騒動があって延岡くんは脱走しまし

た。

2　夏休みの誘い

　そんな時、大学時代の友だちがやってきて、

「クラスの調子はどうかえ?」

と、聞いてきました。わたしは、なんできみにそんなことを答えなきゃならないのかと妙にムカつきました。

「まあ、ふつうだよ」

しらーっと答えました。

「あのな、子どもと付き合うにも付き合い方っていうのがあるらしいよ。一緒に研究会に参加せんかえ」

「研究会ねえ……」

わたしは、やっと学校の先生になり、長い勉強から解放された気になっていました。なのに、また勉強。いやだと思いました。

「やめとくわ」

素っ気無く答えました。すると友だちが、

「残念やな、教えてくれるのは、俳優の西田敏行さんの義理のお兄さんなのになあ」

今度はむこうが、素っ気無くぼやきました。

「ちょっと待った！　行ってみてもいいなあ」

わたしは答えを変えました。そして八月のある夜、話を聞きに公民館へ行きました。延岡くんの脱走の様子を話すと、

「誰かがいじめているのかもしれんな」

その先生は淡々と話しました。受け持っている五年生のある子が、むしゃくしゃしていて、その矛先を延岡くんに向けている。延岡くんをいじめてパニックを起こさせ授業がすっ飛ぶか、落ち着くまで時間がかかり授業が短くなるのをねらって、自分のストレスを弱い子に向け解消しているのかもしれない、と言いました。

そして、頭のいい子は表に出ないことが多いよ、と付け加えました。延岡くんは被害者かもしれない、心がうずきました。目をつむって考えているわたしに、

「子どもの力を借りることやな」

と、再び一時間ほど対策を教えてくれました。

3　相談して対策を考える

わたしはさっそく子どもの力を借りようと、一度もスカートをはいたことのないあっさりとした美由さんと毎年学級委員長をしていて、絵を描けば推奨、習字を書けば金賞でリレーの選手。そのうえ男子に最も人気のある理恵さんを呼びました。

「延岡くんの脱走を先生な、減らしたいんや。何かいい方法はないかな」

相談すると、二人も一緒に考え込みました。そして五分がたちました。

(大人のぼくが考えても浮かばないのに、子どもにわかるはずがない)

「もう帰っていいよ。ごめん、無理を言って」

と謝りました。

背中を向け歩き始めた美由さんが、くるりとこっちを向いて、

「先生、延岡くんな、理恵ちゃんのこと好きなんで」

そう言ってドアを閉めようとしました。わたしはあわてて立ちあがり、理恵さんのそばに駆け寄って、

「延岡くんがパニックを起こしたら、延岡くんやめて、と言ってくれ」

頼みました。理恵さんは、いやがりました。けれどもわたしにはそれ以外、方法がありません。何度も軽く肩をたたきながら頼むと、

「わ、わかりました……」

引き受けてくれました。

（いい子は教師の頼みを断れない）

わたしは、いいことを知りました。

その夜、なかなか寝付けません。

（今度いつ、延岡くんはパニック起こすのかな。早く起こさないかな）

期待している自分がいました。ついこの間までは、延岡くんがパニックを起こさなければいいクラスなのにとか、延岡くんさえいなければ平和なのにと恨みにさえ思っていました。ところが今夜の自分は、パニックが起きるのを待っています。それは、延岡くんがパニックを起こしたらどう対応するか、対策が決まっているからです。そして、いやなできごとも対策が決まっていると楽しみに変わると気づきました。

4 パニックの対策

二週間後、延岡くんはパニックを起こしました。ガシャーン。椅子を持ち上げ床にたたきつける。子どもたちが悲鳴を上げて飛び下がる。すると今度は、机を蹴倒そうとする。もう子どもたちは後ろに下がって、いつものように息を潜める。けれど、今回だけわたしは下がらない。延岡くんの釣り上がった目を見ながら、理恵さんの方に体重を移す。そして、

（いま、いまだよ）

心の中で叫ぶ。いや、声に出そうになったよ。すると理恵さんが、ちらっと目をふせながら、

「延岡くん、やめて」

とやさしく声をかける。それまではいつものことだと思っていた子どもたちに衝撃が走り、一瞬教室の空気がピーンと張りました。きっと延岡くんに近づき何かをささやきパニックを起こさせた子が一番驚いたでしょう。

けれども延岡くんは、理恵さんの言葉にほんの一瞬止まったものの、机を蹴り倒して二キロ離れた幼稚園まで脱走しました。わたしは、理恵さんの声かけは効果があったのだろうか、と迷いました。それで、ふたりを呼んで、

「どう思う?」

と、尋ねました。美由さんが、

「確かに一瞬、延岡くんが止まっちょったよ。うちは効果あると思う」

わたしを応援してくれました。わたしは、

「理恵さん、延岡くんは延岡和夫って言うやろ。今度パニックを起こしたら、後ろからそっと近づいて、肩に手をあてて下の名前を呼んで顔をのぞき込んで微笑んで」

と注文を出しました。わたしは、もし声をかけただけで効果があったのなら、ベストプランにすればもっと大きな変化があるだろうと考えました。理恵さんは、いやですと一度は断わりましたが、いい子は教師の頼みは断れない、わたしが三度頼むと引き受けてくれました。

5　アイドルが微笑んでいる

　その一週間後、給食が終わり机を後ろに下げている時でした。突然延岡くんが、叫び声をあげました。そして、教卓にあったテープカッターを床に投げつけました。テープカッターが割れ、きれいに三方向に等分されて床を滑りました。わたしが、その美しさに見とれていると、延岡くんは椅子を持ち上げました。わたしは自分を取り戻し、

（理恵さん、いま！）

心の中で叫びました。理恵さんは、戸惑いながら反応しました。延岡くんの後ろに近づく。そして、後ろから肩に手をあてる。延岡くんがびっくりして振り向く。すると理恵さんが、予定通り延岡くんの顔をのぞき込んで微笑みました。

　アイドルがぼくだけに微笑んでいる、延岡くんは思ったのか、思わず微笑み返して一〇秒ほど見つめ合いました。

（あれ、オレはなんでこんなことをしているのだろう）

延岡くんが、椅子を持ち上げていることに気づき、もとの場所に置きました。このあと、延岡くんの脱走はなくなりました。いえね、延岡くんのパニックは時々起こりました。けれどもその度に、わたしが理恵さんに助けを求める。すると理恵さんが、

「延岡くん、やめて」

やさしくつぶやく。すると自分を取り戻したんです。

6　子どもの力を借りる

延岡くんにパニックを起こさせ、授業を飛ばせようとしていた人は、いじめをやめました。それは、理恵さんや美由さんたちが延岡くんのまわりにいて、彼を守ったからでした。ひとりぼっちの子どものまわりに人を、大切なことだと思いませんか。でも、始まりは頼むことからです。延岡くんは、黒い影が近づくとパニックを起こしました。だとしたら相性のいい影もあるはずです。それが理恵さんでした。でも、理恵さんだってひとりでは、いくら頼まれても引き受けなかったと思います。美由さんがいて、励ましてくれたからです。子どもに相談し意見を聞きながら指導の方向性を考える。だからこそ、延岡くんをいじめていた子もいじめをやめたと思います。毎日の実践は、小枝のように揺れています。けれど自分では気づいていなくても、出会った人たちの知恵や経験、そういったものがあなたの中に入っています。今日もまた、いじめが生まれそうになるかもしれない。けれど、あなただって伊達に人生を生きてきたわけではないでしょう。経験と出会った子どもの力を借りて明日へ。子どもの力を借りる、いい言葉ですね。

4 おとなは敵だった、なぐられたわたし

——家庭との共同

由布院小学校から大分市の小学校へ転勤しました。異動した学校は、わたしが中学時代、冬休みにしめ縄売りのアルバイトをしたところでした。物を売るのが好きでした。どうしたら買ってくれるのか、何から売ればもうひとつ買わせることができるのか、子どもなりに考えて売っていました。売上は優秀でした。要するに勉強に関した勧め方をすれば大人は簡単でした。

大人は子どもの幸せを願い、勉強へとせき立てます。本当に願っていることは幸せな人生のはずなのに、勉強ができることが願いだと勘違いし、学校へ怒鳴り込んで来ることもありました。今日もまた人はすれ違う。家庭が抱えていること、子どもが感じている重荷。それらが複雑に絡み合い、背負って学校に子どもたちはやってきます。家族のしがらみの中で生きています。子どももも、そして大人も。

1　いつもいらだっていた山形くん

わたしは学校を転勤し五年生を担任しました。

「このクラスには、すぐに暴力を振るう山形くんがいるから男の先生がいいわ」

前担任が言いました。確かに男はわたしだけです。

(どんな子だろう)

新しい学年の先生たちと職員室の席を決めていると、再び前の担任が来て、

「そうそう、言い忘れたけど山形くんのお母さんって、すぐにちょくで教育委員会に電話する人だから気をつけてね」

と、付け加えました。

(気をつけろって、どう気をつければいいのかな)

中身はわかりません。とりあえず、家庭訪問に行きお母さんに対面するまでは叱らないと決めました。けれど山形くんは、

「帰りの歌とか、面倒くせー。やめよーや」

とか、

「学級会なんか話し合うのはつまらん」

など、好きなように言いました。好きなことを言うのは、まわりの子どもたちに対しても同じ

で、本当は嫌がられていました。けれども、まわりはそれを声にできません。注意すると罵倒し、机をけるなど乱暴な仕返しが待っていました。彼は表面的には集団を支配して、みんなを引き連れました。殺伐とした雰囲気を感じました。

家庭訪問に行き、お母さんと会うとたいへん厳しそうな方でした。

（お母さんは厳しいのに、なんで息子はだらしないの）

その頃のわたしは思いました。それでも、できるだけ山形くんとぶつからないようにしました。

2　なぐられたわたし

けれど六月の第二週、大分もそろそろ梅雨に入るという時です。職員朝会が終わり、階段を上がると山形くんひとりが教室の前の廊下から、外を眺めていました。他の子どもたちは朝の会をしています。

（あれ、あいつだけどうしたんだろう）

窓に寄りかかっている山形くんに、

「中に入ろう」

後ろから肩に軽く触れました。すると、

「うるせー、さわるな！　汚れるー」

と叫びました。

「汚れるはねえやろ」

素の自分が出ました。

「おまえなんか、担任として認めたおぼえはねえ」

そう言い切られました。

「なんだとー」

心の声がそのまま言葉になりました。

「おまえなんかな、母さんに頼んで教育委員会に電話して、担任をかえちゃん！」

山形くんは叫びました。

「おまえなあ……」

ここまで叫び返した時に、朝の会をしていた子どもたちがわたしと山形くんの方を向き、

（いよいよ直接対決するぞ）

期待しているようでした。それを背中で感じるわたしは偉くないですか。こういう危機を感じる力が、わたしにはありました。たかだか一一歳か一〇歳の子どもたちの予想通りになりたくない、と思いました。それで山形くんを連れてとなりの算数ルームに行きました。

「一体どうしたんか」

トーンを下げて聞きました。

「うるせー、いろいろ言われる筋合いはねえ」

山形くんのトーンは下がりません。

「そういう言い方はねえやろ！」

すぐにさっきのテンションに、わたしは戻りました。

「おまえなんか、母さんに頼んで教育委員会に電話して、担任かえちゃん」

山形くんは、ますます大きな声で叫びました。わたしもムキになって、

「もう一回、いってみろー」

思いっきり大きな声を出しました。すると、山形くんがもう一回叫びました。もう一回言ってみろと凄んで、もう一回言われた時の虚しさ、わかりますか。算数ルームを見わたして、

「よし、大人の怖さを教えてやろう」

山形くんに向かって足を一歩踏み出しました。その瞬間、

「ばーん!!」

（…………）

胸を突かれました。わたしはクラクラとしました。痛さからではありません。

（ぼくは、子どもに殴られたのか、なさけねえ……）

そう思うと、海の底にぶくぶくと沈んで行きました。そして五分くらいわたしと山形くんは向かい合い、立ちすくんでいました。

（きのう見た金八先生のドラマも、生徒に殴られていたよ）

心の奥底から、もうひとりのわたしがささやきました。

（えっ、ぼくってドラマの主人公なの）

そう思うと沈んでいた気持ちが、海の底からスーと上がってきました。そして、金八先生のドラマを巻き戻して、同じセリフを山形くんにぶつけました。

「もっと自分を大事にしろよ。そうやって傷ついているのは、おまえ自身やろ」

山形くんは、泣き崩れました。

（なぜ、泣くの？）

さっきの言葉も今の言葉も同じわたしが言ったのに、どうして反応が違うのか、不思議でした。

そして一〇年間考えました。

3　ふたりでドライブ

山形くんが一日にどれくらい悪口や暴力を振うのか、数えました。女子にはしません。特定の気のいい男子数人に向けていました。いじめです。

「六七って、なにかわかる？」

話しかけました。

「なに、それ？」

「きみが、昨日人をたたいた回数。今日は何回たたく予定ですか」

「たたく予定、なにそれ。……六五」

こんな調子で毎朝、尋ねていきました。すると、嫌なことばかりして困ると思っていましたが、

（だんだん減っているんじゃないか。いい調子）

気持ちが落ち着いてきました。実態を把握したからです。山形くんも、自分が何をどれくらいしているのか、自覚できたのでしょう。ついに、

「今日は六回」

一桁の日がやってきました。ここで、女子の委員長に聞いてもらいました。

「どうして、いつも人にちょっかいだすの。それで楽しいの？」

すると、山形くんは突然顔色を変えて教室を飛び出していきました。

放課後、山形くんを車に誘いました。ちょっと前に観た映画で、先生が真っ赤なスポーツカーに生徒を乗せドライブすると、生徒が自分のことを語りだすシーンが印象に残っていました。試してみたかったのです。

「山形くん、さっきはきみを責めたんじゃないよ。もっと知りたかったんだよ。お詫びに家まで送ってあげるよ」

赤い軽自動車に乗りました。ふたりで隣の校区まで走り、

「どうなの、調子は……」

話しかけました。けれど映画のようにはいきません。山形くんは助手席から外を眺めたまま、口を開きません。諦めて、コンビニでジュースを買いました。そして、来た道とは違うコースで戻り始めました。片側二車線の大きな交差点を右に曲がるとパチンコ屋さんがあり、そこから緩やかな坂道が二キロほど続いています。その片側にいろいろな塾が並んで建っていました。

「今日は塾がある日や」

突然、山形くんが口を開きました。

「きみは、サッカー部やろ」

「木曜だけは塾があるんや」

「へえ、両方やってるんか。だけど、きみは算数の平均点が高いやろ」

正直に言葉にしました。

「姉ちゃんがな、中学校で一番なんや。テストの平均が、この間も九六点やった。それで父さんが、おれと姉ちゃんが反対やったらいいのになって言うんや」

信号が赤になり、止まりました。

「ねえちゃんの出来がいいと大変なんで」

確かに山形くんの姉ちゃんは、小学校のころ部活で全国優勝した名誉市民でした。中学でも生徒会長をしていると聞いています。

(これが、いらだちの原因か……)

信号が青になり、アクセルを踏みながら確信しました。

4 わたしの前で夫婦ゲンカ

わたしは、山形くんのうちに連絡して、お父さんとお母さんが一緒にいる日に家庭訪問をすることにしました。きれいに区画された眺めのいい住宅街の真ん中に平屋の家がありました。わたしは道路に車を止め、チャイムを鳴らしました。五段ほどある階段は、きれいに掃除してありました。

「忙しいところ、お父さんにもいていただきありがとうございます。実は……」

と、四月からの山形くんの様子を話しました。するとお父さんが、

「子育てはおまえの仕事やねえか。うまくいってなかったんか」

(えっ、子育てはおまえの仕事?)

お母さんをしばらく怒鳴りました。

「そうやって、いつもわたし任せにしてきたのは誰よ。仕事、仕事って、日曜はゴルフに行って。わたしだって仕事をしているのよ。もういい加減にして」

お母さんが倍近く言い返し、ふたりは三〇分ほど言い合いました。

この光景に驚きました。はじめはケンカにびっくりしました。が、どちらかが立ち上がり、その場から逃げ出すこともできたでしょう。なのに、最後まで言い合ったのです。きっと、学校の先生がいたからこそ興奮を抑え、話し合えたのだと思いました。観念したようにお父さんが、

「わたしは、何をしたらいいのでしょうか」

と、聞いてきました。言い合いは、お母さんに軍配が上がったようです。

お父さんには、できれば山形くんとプロレスをしてじゃれ合い、スキンシップをとってほしいことや、週に一度でいいから山形くんとお風呂に入って、お父さんの子どもの頃の失敗談を話してほしいことをお願いしました。親はとかく自慢話をし、子どもを必要以上に追い詰める傾向があるのです。追い詰められた子どもは「もうこれ以上は期待に応えられない」と、揺れ始めるのでした。そこから山形くんのいじめは始まっています。失敗談を語るということは、誰でも順調にはいかないんだ、と緊張を緩めることになるはずです。

「二週間たったら、また連絡を取りましょう。その時どんな変化が起きているか、お話します」

次の予定を決め、坂の途中に止めた車に乗ろうとすると、さんまの匂いがしてきました。

5　家庭との共同

山形くんの態度は不思議なほど落ち着いてきました。特定の弱いもの攻撃も減りました。お父

さんが約束を守り努力していることがわかりました。わたしたちは、二週間の連絡期間を一ヶ月に延ばし、さらに三ヶ月に延ばしました。

山形くんの家は、経済的に貧しくありません。でも我が子をいわゆる勝ち組に入れることばかり考え、不安や弱みを受け止める親子の関係ではなかったのです。生きづらさを抱えた山形くんは、不安を反抗や弱い者いじめという形で表現していました。

それにしても、学校の先生の仕事っていいなあ、と思います。だって、当時二〇代のわたしでも、先生と認めて山形くん夫婦は、逃げ出すことなく話し合ってくれたのです。対話するとは決めることではなく、何ができるのか出し合うこと。だれに責任があるのか、だれが悪いか、ラベルを貼ることではなく、お互い何ができるのか交流することです。そのためには、夫婦の冷静な話し合いと合意をつくることから家庭との共同は動きだします。山形くんのお父さんは、彼が中学の時に病気で亡くなり、お母さんひとりで彼を大学まで行かせました。二〇歳のクラス会の時に、

「今の親は大変なんやろ。そのモンスターとかなんとか言って」

と話しかけてきました。

(きみの親も大変だったよ)

その言葉を飲み込み、山形くんの父さんを思い出し、早くに亡くなった無念さに気持ちを寄せました。

二章

世の中の仕組みがいじめ

5 賞味期限が切れたヨーグルト
――内なる他者、もうひとりの自分

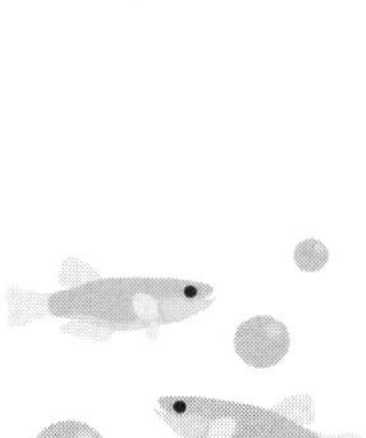

もうひとりの自分、あなたの中に住んでいますか。わたしがもうひとりの自分に気づいたのは、四〇歳前後の時でした。お喋りな女子がいて、いつも注意していました。土曜日に「注意しすぎだよなあ、来週はどうしたらいいかな」と振り返り対策を練りました。でも思いつきません。その時、

「休みの日に子どものことを考えるおまえは、えらいんじゃないの」

もうひとりのわたしがささやきました。

（そうか、休みまで子どものことを考えるぼくはえらいよな）

楽になりました。

いじめとまではいかなくても、意地悪や嫌なことは多々起こります。けれど、あなたを守ってくれる人はいますか。他人だけが味方ではありません。内なる他者、もうひとりのあなたこそ最大の味方です。この味方を育ててあげましょう。

1　今年はキセキが起きるかも

新学期がはじまりました。帰りの会でわたしは、子ども時代のケガシリーズを話しました。この日もいつもと同じように、身振りを加え子どもの中へ歩き始めました。

「これがその時にできたコブのあとだよ。今もコブは残っている」

触ってもらうと、子どもたちが歓声をあげました。これから始まる彼らとの実践が楽しみになるくらい大きな反応でした。

「さようなら」

子どもたちがひとり、またひとりと帰っていきます。グランドの隅に並んだ桜の木が風に揺れ、残り少なくなった花びらを散らしていました。

「もう、桜も終わりのころですか」

大岡くんが、横に来てグランドを眺めました。そして、

「今年は、キセキが起きるかも」

とつぶやくと、ランドセルを背負い走り出しました。

(今年はキセキが起きるかも)

いい響きだな、気持ちがパッと明るくなりました。

しかし、これが裏目に出ました。大岡くんはどんな子なのか見ていると、足元には帽子が落ちていました。えんぴつ、それに消しゴムやプリント、落し物が必ずあり拾ってわたすと、

「どうも」

ちょこんと頭を下げるだけ。机の中はぐちゃぐちゃで、道具箱はゴミ箱になっていました。まわりの子は、

「大岡くんは、去年も一昨年も先生に叱られていました」

当然のように説明してくれました。彼が活動的になるのは、二つありました。ひとつは算数の授業で、突然エンジンがかかると理屈っぽく発言します。もうひとつは給食で、一杯目を飲み込むように音を立てて食べおかわりしました。その様子が高学年の女子に嫌がられました。

そのうえ、彼はいつも忘れ物をしました。教科書を二つも三つも。わたしは大岡くん自身がちゃんとしないと、友だちができないばかりか孤立しひとりぼっちが進むと感じ、先回りして注意しました。これが災いしました。五月の連休が明けても、彼の忘れ物は減らず、ついに強く怒ってしまい大岡くんは泣きました。涙も鼻水も一緒になり、次の日お休みしました。

2　夕方の月

わたしは、大岡くんのマンションの前にいました。自動ドアが開き、部屋の番号を入れると呼

び出し音が聞こえました。

「はい、あれ先生?」

「はい、本人です」

ドアが開きました。エレベーターを降りると部屋の前で大岡くんは待っていました。

「きみがお休みしたから、心配で様子を見にやってきました」

わたしは大岡くんのぐうたらな面が気になって、怒りすぎたなと反省していました。でも、本当のことを言うには抵抗がありました。

「ああ、そういうこと」

と、軽く彼はうなずきました。そして、

「あのな、冷蔵庫にヨーグルトがあったんよ。それを食べたんや。ぼくんちは父さんが工場で働いていて、一〇時頃しか帰らん。母さんはデパートで六時まで働き、それから保育園に弟を迎えに行くから七時過ぎにしか帰らん。それまでな、腹が減るんよ」

「たしかに、腹が減るわなあ」

わたしは、力なく相槌を入れました。

「いつもは、それようのお菓子があるんやけど、この日は冷蔵庫にヨーグルトを見つけたわけよ。でも賞味期限が一年前やった」

「一年前?」

「それで腹をこわしてしまった……だけん休んだ」

わたしが、怒りすぎたからではなかった……。ほっとしました。だけど、彼の話を鵜呑みにしていいのでしょうか。本当は、わたしから注意を必要以上に受けて傷ついた。それを癒すには時間が必要で休んだのではないか、わたしは静かに自分を責めました。子どもだって、簡単に本当のことを言うわけがありません。

「今は、ひとりなんですか」

部屋の中が気になりました。

「そう、みんな仕事。弟が帰るまでには、まだ一時間以上はあるなあ」

「そうだったのか。きみも大変なんやなあ」

マンションの裏山にある、真っ直ぐに伸びた孟宗竹の林を見ました。その林の上に、まだ夕方の六時なのに下弦の月が出ていました。薄く青い空に薄く白い月、その月の白さが寂しげに思えました。

「一五夜の夜は美しいですよ」

大岡くんも月を眺めていました。

3　ひとりぼっちから二人組へ

大岡くんは休み時間、いつも図書室へ行きました。運動は好きでした。でも、遊びに誘ってくれる人がいません。ドッジボールに入れてもらえないのです。ダメなやつ、と烙印を押されているようでした。彼もドッジに入れてと頼んでも、どうせ断られると思っていました。人とのつながりを求めない方が傷つかない、そう感じているようでした。子どものくせに、すでに人生を決めつけていました。

わたしは、お調子者の男子に休み時間、大岡くんを外に誘ってくれるように頼みました。彼らは、はじめ嫌がりました。だからわたしは、

「漢字の宿題を今日だけ少し減らしてあげようかな。どうしようかな」

と、焦らしました。こんな取引は好きでした。一度の取引は次の幕を開け、取引をしなくてもジャングルジムで遊ぶようになりました。大岡くんの服の色に合わせて「オレンジクラブ」と名前をつけました。

クラスには、もうひとり気になる子どもがいました。緑川さんは、見るからに暗いオーラに包まれていました。引継ぎで四年の時もひとりぼっちで、ふさぎ込みよく休んだと聞きました。新学期がはじまって一週間たっても、まだ声を聞いていません。できるだけ休み時間は緑川さんの隣に座り「お話しようよ」と、声をかけました。こうやって四月が終わろうとしていた最後の日、昼の掃除が終わっても、緑川さんは教室に戻って来ませんでした。

五時間目の授業が始まり、四分ほどしてガラガラ〜ッと緑川さんが前の扉を開けました。

（なんで前の扉から入ってくるん。後ろからすまなそうに来いよ）

無神経にも緑川さんは、わたしのそばにやってきました。そして、一瞬わたしにピタッと寄り添いました。子どもたちが、

（遅れて来たのに注意せんのか）

視線を送りました。

「どうして遅れてきたのかな。五時間目はとっくに始まってるよ」

緑川さんは、わたしから離れ自分の席へ歩き出しました。三歩ほど歩んだところで振り返り、

「本当はわたし、男ぎらいよ」

と、無愛想に言いました。

（あんた、ぼくを男として見てるんかい。いくつ年が離れているんや）

ちょっと嬉しくなりましたが、男ぎらいよってどういう意味なんや、喜んでいいのかと思い直しました。

「先生、授業を進めんの？」

子どもの声を聞き流して、

「ごめん、緑川さん。ぼくは、あなたへの対応を間違えたみたい。もう一度、あそこからやり直してもらえませんか」

わたしが前の扉を指差すと、緑川さんは、うなずいて前へ動きました。

「遅くまでおそうじご苦労さん。さあ、席に戻りましょう」

と、声をかけ直しました。そして、五時間目が終わると職員室へ降りて行き調べました。探したのは、緑川さんの家庭環境調査表です。開くと、お父さんの欄が二重線で消されてありました。

（離婚したのか……）

父さんと母さんが離婚する風景を想像しました。夫婦は、きっともめたのだろう。見ないほうがいい光景を、聞かないほうがいい話を体験したのかもしれない。

「どっちについてくるんだ」

無理な選択を強いられたのかもしれない。緑川さんはお母さんを選び、男は嫌いと自分に言い聞かせた、それが男ぎらいではないでしょうか。

確かに、わたしもたまにはひとりになりたい。ひとりの人生も悪くない。けれど、子どもはどうなのか。わたしは、わたしが教師としてここに存在する理由を考えました。そして、休み時間はできる限り緑川さんと過ごしました。緑川さんの唯一の男として。その一方で、緑川さんはほとんど誰とも話しません。大岡くんもそうですが、自分から孤立し働きかけることを拒否しているようでした。きっと、そうやって自分を守っているのです。だとしたら、交換日記はどうでしょう。もうひとり消極的な女子がいました。わたしは、ふたりに交換日記を勧めました。グリーンクラブと呼びました。

グリーンクラブは日記ノートを持って帰り家で書き、次の日は相手が持って帰り返事を書く。家で交互に書くことが約束です。家で書いていると、お母さんが、

「なにかえ、それは」

気にするでしょう。緑川さんは、バタンとノートを閉じて「うちと寛子ちゃんの交換ノート」と言いながら、わたしが勧めたことを話すかも知れない。いや、話してほしいね。お母さんは、

「先生が、うちの子のためにきっと考えてくれたんだわ」

思ってくれるといいんだけどなあ、得意の想像力を働かせました。

4　メダカが生まれた

六月にはメダカの学習があり、となりの地域に住むメダカ博士に来ていただきました。メダカについて伺い、いろいろな種類のメダカを実際に見せていただきました。大岡くんは、突然立ち上がり一〇以上もの質問をしました。詳しいからこそできる質問でした。博士もそれが嬉しかったようで、子どもたちにメダカの卵を予定の倍くださいました。


それから二週間後、もうすぐ七月だという頃、

「先生、メダカが生まれました」

と、大岡くんが弾んでやってきました。

「きみがあんなに質問したから、一番に生まれてくれたんじゃないの」

みんなが冷やかしました。

わたしは、メダカが生まれたことを作文に書こうと誘いました。彼はうんと何度も頭で合図しました。けれど、どう書くの？　と聞き返してきました。きみと比べてみると面白いかも、わたしはひとり笑いました。

めだかとぼく

めだか　小さくて黒色
ぼく　大きくてオレンジのシャツ着てる
めだか　たまごから生まれた
ぼく　母さんから生まれた
めだか　つまようじの先　ひとさじエサ食べる
ぼく　今朝ご飯一合と　しょうが焼き食べた
めだか　寝るとき　水の中泳いでる
ぼく　寝るとき　ふとんの中泳いでる

まさしく自分と比較しながら書いたところで、えんぴつが止まりました。大岡くんは考えこみ助けを求めてきました。

「めだかに友だちいるの？」

尋ねました。わたしの関心はここにありました。彼に自分を見つめさせ過去の自分と比べてほしかったのです。ぼくは……と頭を軽くたたくと再びえんぴつを持ちました。

めだか　まだ友だちいない
ぼく　そこそこ友だちできた
めだかとぼく　みんなちがって　みんないい

5　内なる他者、もうひとりの自分

少しずつメダカが生まれました。すると、メダカをテーマに詩を書くブームが起こりました。そんな時、緑川さんは次のような詩を書きました。

メダカが生まれない

わたしのタマゴは　生まれていない
三日も四日も待ちました　ワクワクしながら

でも、ぜんぜん生まれない
そろそろわたしも　ちょっと心配になってきた
タマゴの中で　死んでいないだろうか
それとも、もっと後の方から生まれるのか
メダカと話せたらなあ……
おとといも見た　きのうも見た　今日も見たけど生まれていない
わたしは　だんだん無関心になってきた
よこ目でちらっと　メダカのタマゴを見た
そして、そのまま放っている

ここには、自分を消している緑川さんの姿はありません。おとといも昨日も今か今かと待ち続け、期待している緑川さんを表現しています。彼女は、消えるように薄かった自分の姿を取り戻しました。言葉はあなたを映す鏡です。自分を見つめ言葉で表現する。表現した文字、それが鏡に映るあなたであり、あなたを取り巻く世界です。

人と比べる世の中が子どもの心を小さくしています。そして、子どもたちは自分を見つめることから逃げています。潜在的に人と比べ、自分をダメなやつだと思い込んでいるからです。思い込ませたのは大人です。まず、ありのままの自分や生活を見つめ、うまくいかないのが人生だと、励ましつづける大人の存在が必要です。そんな大人を取り込んで、子どもは悩んでいるのは自分ひとりじゃないと、立ち上がってくるはずです。問われているのは大人です。

内なる他者、もうひとりの自分。それは自分を見つめ、励ます存在です。書くことや対話することを通して子どもの心に、やさしく見守るもうひとりの自分を住まわせてください。

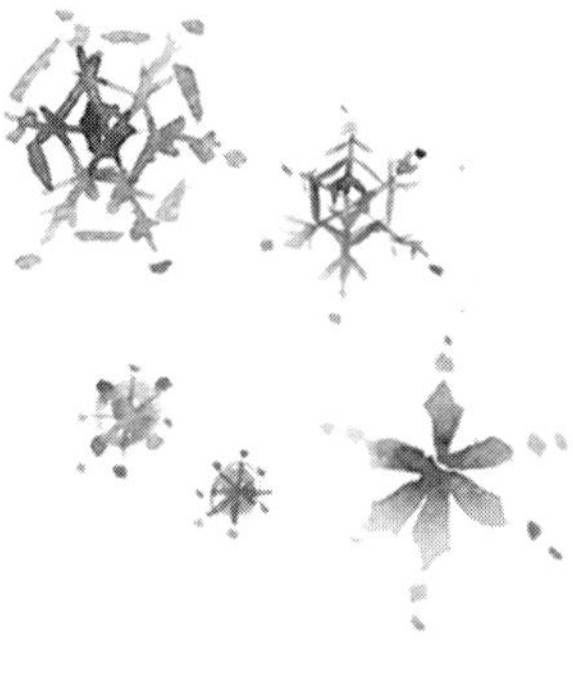

6 どっぷり能力主義
——弱者との連帯

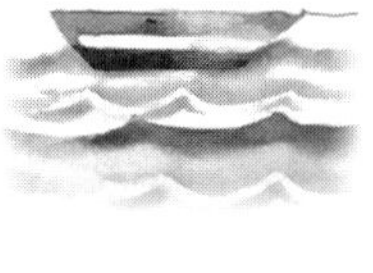

自宅から二キロの学校に転勤したのを機会に自転車通勤に変えました。マウンテンバイクを購入して坂道を下る朝の通勤は、これまで渋滞の道を運転していたのと比べると格別に爽快です。坂を下ると目の前に大分川、遠くに鶴見岳、右手に南蛮船が出入りした別府湾が広がり、さらにその向こうに国東半島がのぞきます。こんなのどかで、美しい光景を見ると大分っていいところだなって感じます。

けれども子どもたちには、こういった風景がどう映っているのでしょうか。学校や先生や自分自身がどう映っているのでしょう。それを考えてみたいと思います。

1　キレる久兵衛

久兵衛は、新学期早々ほうきを掃除時間に振り回し大暴れしました。引き継ぎの時に前の担任

から、

「久兵衛は、すぐに切れるから注意してください」

と、聞いていました。でも、転勤したばかりのわたしは、どういう切れ方なのか、わかりませんでした。久兵衛は始業式から一週間後、お昼の掃除時間に長い柄のほうきを子どもたちに向かって振り回しました。わたしが、パソコンルームで五時間目の準備をしていると、

「先生、久兵衛がほうきを振り回して暴れている」

呼ばれました。すぐに立ち上がろうとしましたが、

「いま、久兵衛はどうしているの」

と聞きました。すると、

「掃除道具箱の前で、うずくまっている」

トーンが少し下がりました。わたしは椅子に座り直し、

「みんなをパソコンルームに連れてきて」

と頼みました。想像力を働かせてください。子どもが呼びにくる。慌てて階段をかけあがる。きっと階段にいる掃除の子どももついてくる。教室に戻って、

「久兵衛、なんでみんなにほうきを振り回したんか」

と、うずくまっている久兵衛を問いただす。すると久兵衛が顔を上げてわたしを見る。その時、わたしの後ろには教室掃除の子や階段担当の子ども、となりのクラスの野次馬も混じっているは

ずです。久兵衛は、たくさんの目に囲まれて再びパニックを起こし、教室を飛び出し二次トラブルが起きるでしょう。ええっ？　想像力が豊かすぎるって。でも、こうなるんですよ。子どもと子どものトラブルに教師が出て行き、急いで解決しようとすると、子どもと教師のトラブルに変わるのでした。どこがまずかったのかと、どれくらい自分を責めたことでしょう。そんな時、わたしはいつもノートに記録しました。まずかったことを記録したのではありません。そこに目をやると自分の傷が深くなります。このトラブルをハッピーエンドにするには、どこから出来事を書き換えればいいのか考え、新しい物語を想像しました。

この時もそうでした。新学期が始まってすぐです。久兵衛が再び暴れ教室を飛び出すと、他の子どもたちも落ち着きません。わたしは、まずまわりを落ち着かせることにしました。個と集団を分けて考えることが重要です。五時間目はパソコンルームで授業、

「キーボード練習を一〇分してください」

なんて指示しても、子どもたちは喜び落ち着きます。その間に久兵衛を迎えに歩き始めました。頭の中では、どんな言葉をかければいいのか、ドラマのセリフが巡っていました。

2　ビリはおまえや

久兵衛は、二階の踊り場まで来ていました。わたしは、

「迎えに来るのが遅れてごめんね」

横浜の海岸で待ち合わせた恋人同士のセリフをかけると、彼の背中をさすりました。

(おれを怒らんの)

そんな目をしてわたしを見上げました。

「小さなことを考えるのは、やめようや」

別なドラマのセリフをかけました。こうして、五時間目のパソコンが過ぎ六時間目の体育が終わりました。帰りの会のあとで、

「久兵衛、ちょっと」

手招きしました。クールダウンには十分な時間がたっていました。

「どうして、ほうきを振り回したのかな」

久兵衛は、うつむいたまま黙ってしまいました。顔には表情がありません。

「さようなら!」

隣のクラスも、バタバタと帰り始めました。わたしは言葉を探しました。

「ほうきを振り回さずにはいられない、ワケがあるんじゃないの?」

久兵衛は顔を上げ、

「ほうきを振り回さずにはいられない? 先生、うまいこと聞くなあ」

と返しました。

「おれはな、おれなりに一生懸命掃除をしていたんや。なのに、ちゃんとせんかと、まわりがいろいろ言うんや。それでつい……」

「そうだったのか。なるほどな。まわりが敵に見えたんやな」

「ほんと、うまいこと言うなあ。そう、まわりが敵に見えたんや」

顔に表情が出てきました。すると教室の後ろにいたクロちゃんが、

「先生、久兵衛は口がうまいからな。だまされるなよ」

近づいて薄い笑いを浮かべると久兵衛が、

「万引きばっかりするお前に言われたくねえ」

と、机を叩きました。クロちゃんは、広いろうかへ飛び出しました。わたしは、この光景を見ておかしいと思いました。それは、すぐに切れると申し送られた久兵衛は、一連の行動で子ども集団から疎まれ、悪いイメージが定着しています。クロちゃんだって、万引き経験が豊富と聞いていましたが、子どもたちにも知られているらしい。ということは、クラスの人間関係の底辺にいる弱者です。底辺にいるふたりが手をつながなくて、「お前が、一番最低の人間や」と、ビリ競争をしているように感じました。能力主義が浸透し、最も弱い人間を軽く見て冷やかし、いじめることにはけ口を求めているように思えました。

3　家も能力主義

遠足の時、久兵衛の隣を歩きました。

「最近の調子はどうですか」

「まあ、いいといえばいい、悪いといえば悪いかな」

ちょっと間を置いて、

「あのな、うちに高校を受験した兄がいるんや。その兄が受験のため、去年はテレビもラジオもゲームも全て禁止やった。それが解放されたから、いいといえばいい」

と、ぼやきました。

（家庭の中にも能力主義か）

頭をかすめました。その時、クロちゃんがやってきて、突然わたしの手をギュッと握りました。クロちゃんの顔を覗き込むと、クロちゃんは帽子を深くかぶり直しました。うしろから、

「まんびき、まんびき」

叫ぶ声が、かすかに聞こえた気がします。

（彼も立場を持っているのか）

わたしは思いました。そして、歩いていた土手の上から川を眺めました。この川は、わたしが小さい頃、停めてある船に乗って遊んだ川でした。

（ぼくも小さい頃、ひとりだったな）

そんなことを思い出しました。いつも一緒に遊んでいた従兄弟が一年生の時、海で溺れました。わたしは、次の週から高熱が出て四ヶ月間入院し、二学期の終業式だけ出席しました。クラスの人間関係が、出来上がっていることを子どもながらに感じ孤独でした。だから、わたしはひとりぼっちの子どもが気になります。ひとりぼっちの子どもは、小さい頃のわたしなのです。

4　トラブルを推理する

五月の連休が明けた週に、作文を書いてもらいました。すると久兵衛は、原稿用紙を丸め消しゴムを黒板に投げつけ、その消しゴムが原稿用紙を拾っていたわたしに向かってきました。消しゴムをキャッチして、久兵衛を怒鳴ろうとしましたが、ひと呼吸おきました。そして、

「久兵衛が消しゴムを投げつけた時、心の中でなんと叫んでいたのでしょうか」

と問いを出し、生活班ごとに考えてもらうことにしました。

するとクロちゃんの班が、

「オレは、書くようなおもしろいことはなかったんや。こんなの書けるかと、心の中でつぶやいていたんじゃないか」

発言しました。

「どうして、そんなふうに通訳できるの」

クロちゃんを見つめると、

「ぼくにも、そういうことがあった……」

彼がつぶやきました。順にすべての班に発表してもらいました。

「どの班の推理が久兵衛の気持ちに一番ピッタとくるのかな？　指で教えて」

久兵衛は、クロちゃんの班を指しました。

　久兵衛はこの日の帰り、

「おかしい。今までおれを責めた教師やクラスはあったけど、おれの内面を推理したクラスははじめてや」

首をひねりました。わたしは許された気がしました。教師はいつも彼を責めました。けれど、そうじゃない教師もいたのかと、久兵衛の見方をひっくり返すことができました。

「なにをニヤニヤしているんですか」

クロちゃんが、うしろからポーンと腕を触りました。

「きみと久兵衛は似た者同士ですか」

「どこが……」

クロちゃんは去って行きました。後ろ姿を見送りながら、わたしは彼らを傷つけてきた大人として、彼らの恨みや小言に付き合わなければ、本当のふたりには出会えないと感じました。競争と排除の社会を容認し、彼らを競争へ駆り立てた大人として、ふたりの叫びに付き合いたいと思いました。

5 トラブル天気予報

次の週久兵衛に、

「今日のトラブル天気予報は、どうなっていますか」

と、尋ねることにしました。思いつきでした。

「トラブル天気予報、なにそれ？」

「あなたが暴れる天気予報ですよ」

「曇りのち雨」

「曇りのち雨？　大変ですね。降水確率は？」

「降水確率……そうやなあ七〇％」

久兵衛はこの日、人をなぐりました。次の日も、その次の日も同じように問いかけました。二週間が過ぎ六月に入ると、

「そうやな、今日は晴れかな。降水確率は二〇％」

落ち着いた日が増え、暴力を振るわず三週間が過ぎました。後ろの黒板には、新記録達成中と大

きく書きました。そして四週目、朝の会で学習係が漢字ノートを提出したか調べていました。

「あれ、ないな。変や、確かにカバンに入れたのに」

久兵衛があわててカバンをひっくり返しました。そばにクロちゃんが立ち、

「漢字ノートを出してない人は、正直に立ってくださーい」

と繰り返しました。そして耳元で言おうとすると、久兵衛がクロちゃんの顔をパチーンとひっぱたきました。

クロちゃんが、顔を押さえてシクシク泣きました。それを見て、今度は久兵衛がハッとして席に座り、机にうつ伏せました。わたしは、連続記録はいつか途切れるもの、その日を密かに待ってドラマのセリフを用意していました。久兵衛は、一番後ろの席に座り机に伏せていました。

ゆっくりと回り込むように久兵衛の横に行き、彼の背中をさすりながら、

「とうとうやってしまったんですね」

映画のセリフをかけました。すると、久兵衛は声を上げて泣きました。翌日、久兵衛が次のような日記を書いてきました。

♣久兵衛の日記

先生と出会ってつくったトラブル天気予報は、昨日のハンドのことも忘れて晴れだった。でも曇りにかわりはじめたのは、学習係りが朝の会で宿題を調べている時だった。昨日したはずの

カードがない。確かにやって持ってきたのにカードがない。それを係りが「でてないよ」と、まえでハエよりうるさく言った。（どうせ信じらんやろうな）と思っていると、「出してない人は立ってください」と、しつこく言った。するとクロが「久兵衛――！」と叫んだから、ケツに火がついた。先生は、自分でもわからない知花久兵衛という人を理解してくれたみたいで、とうとうやってしまったんだね、と言ってくれた。そうだ、確かにあの時ぼくは、がまんできたかもしれない。だけど、これからもまだまだ問題を起こすだろう。ちゃんとできるようになるには、もう少し時間がかかりそうだ。だけど、この先生なら待ってくれるだろう。すみません先生、もう少し時間をください。

わたしは彼の日記に、

「トラブルは関わっているから起きるんだよ。クロちゃんは、きみに関心があり近づいた。ちょっと意地悪な言い方になったけどね。でも、本当に意地悪な人は、関わろうとしない人だ。これからもトラブルを起こしてください。二〇日後くらいにトラブルを起こしてくれると新記録達成でうれしいよ」

と、返事を書きました。そして、きみには学校はどう映っているのか、教えてほしいと付け加えました。彼は一週間後、こんな詩を持ってきました。

学校

学校の目は　監視カメラだ
「やればできる」「欲を出せ」　なんて言われても
「はい、わかりました」なんて　言えるわけがない
だって　そんなに素直に　生きられないよ
学校の目が　あるかぎり

6　弱い子の味方になろう

子どもたちのまわりには競争がいっぱいです。学校に来ればテスト、きまりを守る競争。放課後の部活ではレギュラー争い。ここの競争は、学校以上に熾烈です。競争から落ちこぼれれば、人生が終わる様な錯覚さえ生みます。その錯覚の世界を懸命に生きる子どもたち。だからこそ、自分と同じように頑張れない子どもを見るとけなし、いじめたくなるのかもしれません。けれど、人間はひとりひとり違うものです。

久兵衛は能力主義に覆われ、テストの点にもこだわりました。それは、家庭がどっぷり能力主

義に浸かっていたからです。けれども、家庭を責めることができるでしょうか。いい高校からいい大学へ。そして一流企業へ。久兵衛には、その可能性がありました。しかし、彼はこれ以上期待にこたえられない、悲鳴を上げていたのです。

幼い頃、小さな寝息を立ててすり寄るように眠っていた子どもたち。彼らを競争へと追い立て、それが大人への不信をうみ、いじめ・いじめられる関係をつくっています。大きく捉えれば、社会の仕組みがいじめを産んでいます。だからこそ、まずあなたが学校にいる最も弱い子どもを理解し、味方になってください。最も弱い子どもの味方になり守ってくれれば、ほかの子どもたちは、それを見ながら安心するはずです。弱者との連帯、それは弱い子の味方になる、特別大事にしてくださいということです。これは必要なひいきです。保護ともケアーとも呼びます。人は大切にされた経験があってこそ、自分や人を大事にできるものです。

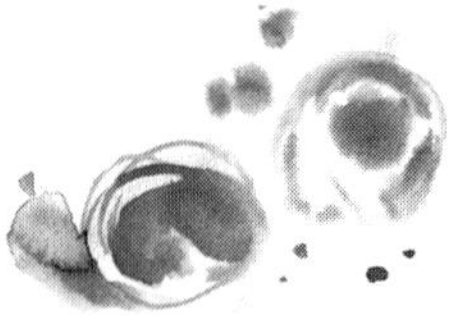

7 万引きのわけ
——友だち探しの旅

外はいつの間にか雨が降っています。父が亡くなったのもこんな日でした。静かに雨が降っていました。近所の襖屋のおじさんが軽トラックで中学校へ迎えに来てくれました。あの日からわたしは母とふたりで暮らしました。家族ふたりなんて寂しいものです。

そんな時、弘三くんという背の高い人気者がよく話しかけ、外に連れ出してくれました。わたしは、人生が変わるかもしれないと思いました。正月には映画を見に行きました。サウンド・オブ・ミュージックです。友だちがわたしを変えてくれました。いじめに対抗できるのは友だちであり、友だち物語をつくることだと信じています。

なのに、ひとり暮らしが夢という少年がいました。わたしはひとりでお店に入ることが苦手です。彼は強いのか、本心なのか興味がありました。

1　家の裏側にハシゴ

クロちゃんの夢は、ひとり暮らしだといいます。そんな夢があるのかと疑いながら家庭訪問に行きました。すると、大きな道から一筋入った家がひしめき合って建っている、隅っこに二階建ての小さな家がありました。お父さんとお母さんは宅配の仕事で、朝の七時前から夜八時ぐらいまで働いているそうです。幼稚園と三歳の妹がいて、面倒をクロちゃんが見ていました。

お母さんは家庭訪問が終わるとまた働きに行くと話し、短い時間で終わりました。わたしはお母さんが再び仕事に行くのを見送り、何するとなく木の影でクロちゃんの家を見上げました。すると裏側に、はしごが掛けてありました。隣の家との境の塀から二階の窓に斜めにかけられていました。

試しに登ろうとすると、

「まだ、いたん?」

二階の窓があいて、クロちゃんが顔を出しました。

「このはしごは何のために置いてあるんでしょうか」

彼が答えやすいように丁寧語で質問しました。

「ああそれな、家出をするときに使うんや」

「家出?」

「父さんから怒られるやろ、怒られるだけじゃねえけど。それで嫌気がさして夜中にそっとひとりではしごを降りて、二時間くらいふらっとするんや。先生、次の家にいかんのか」

そこまで言うと窓を閉めました。そういえば四月の終わりにクロちゃんは、将来の夢をひとり暮らしと書いていたことを思い出しました。

この校区は、駅から離れた土地の安いところで、共働きでやっと家を建てようとする人が集まり、数年でひところの五倍に人口が膨れ上がりました。ただ所得が低くて経済的にぎりぎりの暮らしをするばかりでなく、人とのつながりの希薄なところでした。

五月の連休の谷間に遠足がありました。公園にたどり着くまで、しばらく川に沿って土手を歩きます。ゆったり久兵衛と話していると、突然クロちゃんがやってきて、わたしの手をギュッと握りました。後ろからかすかに「まんびき、まんびき」と、聞こえました。引継ぎでも前の担任から聞いてはいましたが、子どもたちも知っているとは思いませんでした。けれども誰もが知っていたのです。

顔を見ると、帽子を深くかぶりました。わたしは、しばらくクロちゃんと手をつないで土手を歩きました。そして、七分か八分くらいした時にクロちゃんの手をギュッ、ギュッと二回強く握りました。するとクロちゃんも強く握り返してきました。そのまま固く手を握りあったまま、菜の花がたくさん植えられている小道を数分歩きました。ここらへんは、昔は参勤交代の船着場でした。

そして、わたしたちが土手から川に沿った下の道に降りようとしたとき、手の力を緩めてみました。すると、クロちゃんも力を抜きました。

（おっ、反応してくるな）

軽く手をつないでいると、急にクロちゃんが手を離してもとの列に戻りました。電車の音が聞こえてきました。頭の上をＪＲの線路が走っています。目的地はもうすぐです。

わたしはクロちゃんのところまで走って行き、

「もう大丈夫ですか」

と、顔を覗き込みました。するとクロちゃんが、コクリと頷きました。

「そういう時は、大丈夫です先生と言うものだよ」

わたしはやさしく話しかけました。クロちゃんは、

「もう大丈夫です、先生」

と言うと、帽子を軽くかぶり直しました。

2　からあげテニス大会

クロちゃんは、勉強がさっぱりできません。ハンドボール部に入っていて、久兵衛とレギュラーを争っていました。しかし、久兵衛は記憶力がよく理屈屋で算数が得意でした。けれど、ク

ロちゃんはかけ算九九も怪しいほどでした。勉強もできない、万引きのイメージもある。いつもみんなに一段低く見られ、何かあるとバカにされました。あからさまにです。でも、大人のわたしたちも心のどこかでしょうがない、当たり前だという気持ちがありました。いじめの容認です。

それでも、部活の関係でたまに久兵衛と声を掛け合ってにこやかな場面もありましたが、ふたりはすぐにケンカをしました。ふたりで残り一枠のレギュラーを争っていたのです。部活の競争が教室に持ち込まれました。負けたり勝ったり、試合のたびにどちらかが落ち込み、傷つけ合いました。それでも、学級という群れから外れた一番身近にいるのはお互いです。

わたしは、群れから外れたふたりをどうやったら、接近させることができるのか考えました。

そして、

「テニスをしたことはありますか」

と、ふたりに聞いてみました。

「あ、あるよ」

プライドの高い久兵衛が答えると、

「おれだって」

クロちゃんも競いました。三人でテニスクラブの部員を募集するポスターを画用紙に書いて張り出しました。テニスクラブの誕生です。それを見てクラスから新たに三人、隣のクラスからも三人やってきてスタートしました。そのうち、木曜日の放課後に校区のはずれにある市営コートを保護者が借りてくれました。

ふたりは、ハンドボール部ではレギュラー争いをするライバルです。しかし、この気楽なテニスクラブは言いだしっぺで、ふたりそろってキャプテンになりました。ここには競争がありません。少しすると、

「テニス大会をしたいな。賞品がいるぞ。大分からあげを先生に寄付してもらおう」

と、頼みにやってきました。大分は鶏肉の消費量が日本一で鳥天や唐揚げが人気です。小さな唐揚げ屋さんがあちこちにありました。わたしは彼らの期待に応え、二キロ分のいろいろな味付けの唐揚げを寄付しました。テニス大会は、にんにくの匂いが漂う中、盛大にスタートしました。

だれが勝ったのか関係ない楽しい会が終わり、コートのはしにあるベンチに座り、唐揚げを食べている時です。

「うちの母さんが入院する」

奈美さんが言いました。そして、唐揚げにかぶりつきました。

「来週、修学旅行があるけど大丈夫?」

「ばあちゃんちから行くことになるらしい」

奈美さんが不安そうに言います。するとクロちゃんが、

「父さんは、おらんのか」

油がついた指をなめました。

「はあ、気をつかえ」

久兵衛が、胡麻だれ唐揚げを選んでいるクロちゃんの手をパチンとたたきました。クロちゃんは、芝生に座って水筒の水を飲み体育座りをしました。そして、

「おれの暮らしが、うらやましいと思うか」

と言いました。奈美さんは「ふふっ」と笑って、

「たまにね。わたしも妹がいて、保育園にクロちゃんみたいにお迎えに行って、そして久兵衛みたいな友だちと暴れて、お母さんを心配させてみたいな、って思うわよ」

ちらっと、クロちゃんを見ました。

「親といってもね、ガミガミ言うばかりの親じゃ意味ないですよ」

久兵衛が淡々と言うと、こんどは醤油唐揚げを選びました。

「妹がいて弟がいる。お母さんがいて家族がいる。にぎやかな食卓風景っていうのと縁が無いわ」

奈美さんが、ポツリとつぶやきました。クロちゃんは、塩唐揚げを手に取り、

「いつもお兄ちゃんやろ、と怒鳴られてガマンして、世話を押し付けられる。オレは早くひとり暮らしがしてえなあ」

彼らの会話が、三重奏のように聞こえてきました。誰かがリードすると次の人が出てきて、ソロ

を響かせ後ろに下がる。すると違う人がまたリードして音が重なり合う。子ども同士の会話を聞くとわたしは癒されます。そして、こんなおしゃべりをもっとさせてあげたいと思いました。

わたしは、中学の時に父を亡くしました。兄と姉がいましたが、ふたりとは年が一五才も離れ、母とふたりで暮らしていました。農村で暮らしていたので、その頃母子家庭は、クラスに一人か二人、家庭調査表を書くのが嫌でした。書けば、

（うちの家は、母さんと二人なんだ）

と、見せ付けられるようで辛かったのです……。兄や姉の家族が来て一緒にご飯を食べるときは、

（大人数って、いいものだなあ）

と、わくわくしました。ただ、みんなが帰ったあとの静けさは、現実に戻されて余計に寂しさを感じました。わたしは奈美さんの気持ちがよくわかりました。そして久兵衛の言いたいこともわかります。彼らの言葉が、じわじわとわたしの中に染み込んできました。こんなに子どもの思いというものが、多様で複雑なものとは思いませんでした。それなのに、教室で「心をひとつにがんばろう」などと呼びかけている自分が、薄っぺらに思えてなりません。見かけのひとつを求めるために、本当の気持ちに蓋をさせて腐らせて、それがいじめ時代を生んでいるように思えました。

3　万引き

夏休み、職員室で話をしていると電話が鳴りました。

「丹野先生ですか。スーパー宗麟ですが、お宅のクラスのお子さんが万引きをしたので引き取りに来てもらえませんか。ご家庭に連絡しても、連絡が付かないのでお願いします」

わたしは、仕方なく出向くことにしました。大きな片側一車線の道路に面したところにスーパーはありました。店の後ろに回って事務室へ行きました。ここに来るのは二回目です。

事務的に話をすませて外に出ました。クロちゃんと幼稚園の妹、それに薄汚れたぬいぐるみを抱っこした三才の妹もいました。わたしはクロちゃんに、

「どうして、万引きしたのかな」

と、一応聞きました。すると、

「腹が減っていた」

素朴な答えが返ってきました。驚いてクロちゃんの言葉を繰り返すと、

「母さんがな、宅配の仕事で七時前から出て行ったんよ。いつもは、ばあちゃんがご飯を作ってくれるんやけど、昨日から風邪ひいて来てくれん。腹減ったって妹たちが言うんで、店に来て食パンを見て、ビニール袋に指で穴を開けてひとくち……」

そこまで言うと泣き出しました。

（わかっているよ。わかっているよ、そんなこと）

どうして、そう言ってあげれなかったんだろう。わたしは彼らに好きなパンを買ってあげると、

「このテレフォンカードをあげるから、こんど腹が減って万引きしたくなったら、今から万引きしますって連絡して」

買ったばかりのテレフォンカードをケースに入れてわたしました。

4　カメを守った

九月の第二週、台風がやってきて臨時休業になりました。うちの学校は大きな川がある校区で、大雨が降ると避難所になりました。管理職は、体育館を解放するため休みでも出勤し対応しました。その片付けを手伝っていると、

「丹野先生、保護者の方がお見えです」

と、呼ばれました。職員玄関に行くとクロちゃんのお母さんがバケツを持って立っていました。

「先生、先生だけには知っておいてもらいたいと思ってやってきました」

そんな言葉で始まりました。昨日台風が来て、家にいると思ったクロちゃんが、そっと二階から、はしごを伝って学校までやってきた。すると、観察池の水が溢れていてカメが落ちそうだった。そのカメを家に持って帰ったというのです。ところがそれが見つかって、お父さんにまた盗

んだんかと怒鳴られ、クロちゃんが事情を話すと、いつもは疑うお父さんが初めて信じたんです。先生にも信じてほしくて、クロが学校に来る前にカメを池に返しお伝えしに来ました、と空になったバケツを見せました。

テレフォンカード以来、クロちゃんの悪い話は聞きません。何か変わったのかなと思いながら見送りました。ちょうど通りかかった若い教師が、

「クロちゃんのお母さんが、呼び出されてもないのに学校に来るなんて珍しいですよ。よっぽどですね」

と、教えてくれました。だけど、何がよっぽどなのと聞き返すと、

「気に入られたんじゃないですか、先生が」

そこまで言うと、職員室に入って行きました。わたしは、クロちゃんがお父さんとうまくいき、家が逃げ込む場所になれば、いじめられても居場所はあるかなと考えました。それに、家のおもしが軽くなれば誰かをいじめる必要もなくなります。暴力や抑圧は伝言ゲームです。

5　交換日記に割り込む

少しずつ落ち着いた日が続きました。川の向こうの山々が紅葉し始めました。集団から離れていたふたりは、テニスクラブをきっかけに集団に近づき、小さな群れになりました。その頃、お

母さんが退院して普段の生活を取り戻した奈美さんがガコちゃんと交換日記をしていました。奈美さんにとって、普段の生活というのは、ひとりでお母さんが帰って来るのを待つ生活です。その寂しさを埋めるため、わたしは交換日記をガコちゃんに頼みました。ふたりで始めた交換日記は、参加者が増え現在は五人になりパペットクラブと呼びました。

＊うち、ＣＤプレーヤー買ってもらったよー。ソニーのね。かわいい♡　ずっとほしかったんだよ。それをやっと買ってもらったんだよ。（奈美より）

＊わたしはどこのメーカーだったかな。やっぱり音楽はいいね。だけど、だれの歌が好きなの。こんど教えてね。（ガコ）

クロちゃんが、机の下に隠れて声を出して読んでいました。

「クロ、なんで女子の交換ノートを見てるんか」

久兵衛が机を指さしました。するとガコちゃんが、

「グループに入れてやろうか」

包み込んでくれました。クロちゃんも日記を書き始めました。

＊はじめまして、ぼくはクロです。ぼくは、ハンドボールをならってます。このパペットクラブに、きょうみがあって入りました。みんな、あまえんぼうですね。ＣＤプレーヤー買ってもらうなんて、ぜいたくだよ。妹の世話をしてみろよ。じゃあ、ばいばい。

＊でも、妹とか弟とかいないし、そんなことといわれてもわかんないよ。でも、ぜいたくとか思わ

んでよ。うちだって夜ひとりで留守番してるし、たまにご飯だってひとりで食べたりするから、大変なときもあるヨ。だけどクロ、ぜいたくと思うよ。だって、弟や妹がいる家って淋しくないし、ご飯を食べる時とかも大勢でガヤガヤしていいと思う。ひとりっ子の気持ちクロにはわからんやろ。うちの親せきのひとりっ子は、淋しくて泣いていたんだって。その気持ち、クロにはわからんやろ。けっこうひとりも大変だよ。

奈美さんが途中まで書いて、

「あんまり本当のことを書くのはちょっと、でも言いたいことがあるし、どうしよう」

相談に来ました。わたしは、親戚の子にしたらと答えたのです。さらに、ガコちゃんのメッセージが続きました。大変なのは、クロちゃんだけなのか、これがテーマになりました。

＊ぶーぶー、うちだって弟の世話してるよ。しかも買ってもらえるのは時々だしね。ぜいたくって……半分は自分のお金だし、クロって自分が世界で一番不幸って思ってない？　世界には、かわいそうな人がいっぱい……なんの話をしてるのやら。まあ、これからよろしくってことで、なかよくしようね～♡　みんなもいろいろ書いてね。クロ、でも兄弟がいるって幸せだよー。たまにヒマな時があったら電話してねー。

「たまに電話してね、だって。おれもしようかな」

横から見ていた久兵衛も交換日記グループに入りました。

6　友だち探しの旅

クロちゃんと久兵衛が窓際で、こそこそと話しています。その向こうに、ゆったりと蛇行した川が見えました。その日も川は流れていました。わたしは腕組みをしたまま、彼らの姿を眺めています。そして、

（ふたりは、ともに被害者なんだ）

と、つぶやきました。

貧しさが生きる希望や人とのつながりを奪ってはいけません。万引きをしていたクロちゃんにも事情がありました。いいか、悪いかの価値だけで物事を判断すると彼らの生きる場所はありません。背負っている生活を語り合い子ども同士をつなぐ実践、友だち物語をつくらなければ、いじめをなくすことはできません。

彼らの大人への恨みは消えたのでしょうか。消す方法があるとしたら、子ども同士のつながりをつくることです。とげとげしさをあふれるようなぬくもりで包み込んでいくしかありません。関わりを友情へ。子どもたちは、友だち探しの旅へ出る。カギはあなたが握っています。大人として、教師としてのあなたが、傷ついている子どもたちに関わりをつくるのです。そして、子どもたちが家族や大人から自立し、友だち探しの旅へ出ることを応援してください。わたしは再び、彼らの向こうにある川に視線を移しました。

8 飛び降りて死んでやる、消された存在
――まわりを変える

真っ白に凍った道を時速六〇キロで走る。夏と同じスピードです。わたしは、北海道の小さな町で暮らしました。スキー場のとなりに住みました。学校の仕事を辞め北海道に移住したのです。けれど二ヶ月もすると

「ぼくはこの世に存在しているのかな」

仕事が恋しくなりました。わたしは、近くの教育委員会を訪ねました。近くといっても六二キロ離れています。

「支援員さんがひとりやめてねえ。それでよかったら……」

と紹介されて、

「働こうかな」

と思いました。その学校まで、毎日片道六五キロ通勤しました。仕事は楽でした。ただ、自分の個性を消して働くのが大変です。わたしは学校の中で華やかに働いてきたからです。人生初めて

の経験でした。

1　行き場のない子ども

わたしが五年生を受け持つと、支援学級に在籍しているモッちゃんがいました。彼は四年のときに、支援学級の先生と合わず、支援学級にいきたくないと叫んだそうです。けれど同じクラスの子どもたちが、

「算数だよ。支援学級に行く時間だよ」

生真面目に声をかけました。モッちゃんは、

（お前なんか出て行け）

と受け止めたようで、物を投げて暴れたそうです。それから、彼に声をかける子どもはいません。透明な存在として見られています。自分よりちょっと劣っている子を軽く見ていじめても、大きく劣っている子はいじめる存在にもならない、と語っているようでした。存在を消している、消された子どもです。

しかし、モッちゃんにしてみれば、やっぱりみんなと一緒にいたい、支援学級の先生はしつけに厳しく行く気にならない。廊下をウロウロしている。そんな姿を探しに来た支援学級の先生に見つけられ、

「なにしてるの！」

と怒鳴られました。すると、

「オレは、もう死んでやるー」

二階の窓から飛び降りようとしたそうです。教室にも支援学級にも居場所がありません。だったら家庭にずっといたらいいと思うのですが、お母さんが恋愛中でした。お父さんになる人は、厳しい方だと聞いています。家にも安心できる場所はなかったようです。行き場のない子どもです。

2　ふたりを意識する

「丹野先生、うちの支援学級にはモッちゃんは来なくていいですから。ずっと面倒見てください」

担任決めの時に支援学級の担当が、

（わたし、あの子と合わないのよ）

と、言わんばかりに突き放しました。ムカッとして、わたしの正義感が出そうになりましたが、出会い頭の勝負にこだわって関が原の戦いに敗れた経験は何度もありました。勝ったところで恨みをかうだけ。ここは負けることからスタートするのが大人じゃないか、自分を抑えました。

その日の夕方四時頃、

「転入生がやってきます。十和田愛さんっていう子なんだけど、あなたのクラスは、ひとり少ないから入れてくれませんか」

教頭先生から事務的に言われました。あさってが新学期だというのに、こんな直前に転入してくるとは、きっとワケがある子だ、予感はしました。

（こういう時は、ややこしいことが起こるなあ）

始業式の日、愛さんはおばあちゃんに付き添われてやってきました。色が白く小柄で腕が細い女の子です。それから数日後、

「丹野さん、ちょっと」

ほらきた、校長室に呼ばれました。

「十和田さんだけど、前の学校では不登校気味だったらしい。おばあちゃんとふたり暮らしで、時には家で反抗して暴れたこともあるそうよ」

校長先生が茨城の学校から連絡を受け、引き継いだことを話してくれました。校長先生は女性で、太っ腹の方でした。みんなからドラえもん校長と呼ばれています。その校長先生が、

「おばあちゃんが転入の手続きに来ました。ほかにも事情があるんじゃありませんか？」

と、問いかけたそうです。

「ま、そういうことだから」

（そういうことって……）

わたしの心の中は、何かが渦巻いています。

「丹野さんは、目立たないようにしているつもりやろ」

突然、話を変えてきました。

「だけど、ちゃんと目立っているからね」

（まあ、ぼくはけっこう親にも人気あるしなあ）

いい気持ちになっていると、

「困ったときは、力になるから」

校長先生がニコッとしました。

（とうぜんやろ）

こういう言葉は、口に出したらいけません。わたしもニコッとしました。モッちゃんと愛さん、ふたりを意識することになりました。

3　モッちゃんハウスをつくる

北海道では四月といっても暖房が入っています。次の日も、愛さんは来ていました。彼女が学校に来ているうちに仲良しをつくりたい、と思いました。そこで、

「休み時間、五分でいいから二人以上で遊ぼう」

と、呼びかけました。すると愛さんは、低学年の時に不登校だった夏美さんと一緒にわたしの後を追いかけ、職員室までついてきました。こんな調子で五月を迎えました。

そんな時、トラブルが起こりました。モッちゃんが給食室にかくれたのです。わたしは、いつものようにソムリエエプロンを巻いてコックの帽子をかぶり、低学年の子どもたちに囲まれていました。

「先生ほら、あそこのすみに影が見えるっしょ。ほら！」

甲斐くんが指差しました。わたしがそばに行っても、モッちゃんは動きません。

「どうしたらいいんかなあ」

「放っとくしかないな」

「放っておいても、どこにも行かないのか」

「いや、きっとどこかにまた隠れる」

「あんた、詳しいな」

「オレが、去年一番もめた相手だべ」

原因は、どうやら甲斐くんのようです。でも、彼だけはモッちゃんの存在を消してなかったんだとわかりました。

トラブルは関わるから起きる、自分に言い聞かせました。わたしがモッちゃんのそばに行き、連れて戻ろうとしても頑として動きません。体育座りをして、全身を丸め、四八キロの身体に力を入れました。岩になった少年です。わたしは、甲斐くんにモッちゃんの見張りをお願いし教室へ戻りました。まだまだ学級も不安です。給食を食べ始めるのを見て、今度はパペットを持って行き、

「そろそろ教室に帰りませんか」

反応しません。それで、一一匹のネコのパペットを取り出して、

「教室のとなりの社会科資料室で、ゆっくり泣きませんか」

ネコの声で話しました。すると、

「バシッ！」

ドラネコがたたかれました。甲斐くんが笑いました。わたしは、まだ機嫌が悪いんだ、と教室に戻りました。それからまた一〇分して、ドラネコが登場しました。モッちゃんは、すくっと立ち上がりました。そして資料室へ入っていきました。古い机にうつ伏せました。わたしは両サイドを地図黒板で仕切り、世界地図を引っ張り出して、上から垂らしてちょっとしたテントをつくりました。そして、床に落ちていたダンボールをちぎりました。

「もし出ていきたくなったら、この札を外出中にしてな」

切れ端に只今入室中と書いた札をわたしました。裏には外出中と書いています。

（よくやるな）

自分に語りかけました。ちらっとモッちゃんは視線を送り、またうつ伏せました。

「あしたから、モッちゃんの家を希望者でつくろうよ。できればダンボールを持ってきてください」

帰りの会で呼びかけました。次の朝、登校してくる子どもたちの手に、たたんだ大小のダンボールがありました。

「そのダンボールは、なんにすっぺ」

交通指導員のおじいさんが、横断歩道のボタンを押しながら聞いています。

「モッちゃんハウスを作るんだよ」

「もんちっちハウス？」

「モッちゃんが落ち着き、ひとりになるおうちを作るんだ」

信号が青になると、子どもたちは駆け出しました。愛さんも小さなダンボールを抱えていました。こうして一週間後、モッちゃんハウスは完成しました。

4　たんこぶ

ゴールデンウイークが終わり、学校はいつもの生活を取り戻した頃です。午前中は、愛さんが登校を渋りバタバタとしました。その日の午後、今度はモッちゃんが暴れました。歯科検診が五時間目の終わりにありました。わたしは保健室で子どもたちに付き添っていました。検診が終わった子どもから教室へ戻りました。

そして、最後の子どもと一緒に教室に戻ると鶴ちゃんが泣いていました。モッちゃんが鶴ちゃんを抱え上げ、振り回してポエーンと放り投げたそうです。鶴ちゃんは、運悪く机の角に額をぶつけ、お餅のように膨らんだコブができていました。

「モッちゃんは、どこへいったの?」

「たぶん、モッちゃんハウスに行ったと思う」

入室中の札を確かめ、一時間ほど時間を置いて事情を聞くことにしました。モッちゃんは話し合えるだろうか、少し心配でしたが鶴ちゃんと一緒にモッちゃんハウスのドアをノックしました。

「鶴ちゃんが、水筒をオレの頭にぶつけた。それでオレは仕返しをした」

モッちゃんは、何かに怯えたように上目遣いをしました。わたしは、モッちゃんの肩にそっと手を置き、

「本当のことを話してください」

と言いました。すると突然モッちゃんは、ガタガタと震えだしました。両方の肩を手で押さえても震えは止まりません。暴力を受けているなと直感しました。

「きみは悪くない。知ってるよ、安心して」

わたしは後ろから抱きしめました。こうして五分か一〇分たちました。鶴ちゃんが、

「ぼくが水筒を持って、ふざけて女子を追いかけていたら、水筒がモッちゃんの頭にたまたま

当って、モッちゃんが怒った……」

と説明しました。するとモッちゃんが、

「たまたまー？」

再び興奮しました。わたしは後ろから抱いた手に力を入れました。

「いや、ねらったんだ。わざとじゃなかったら水筒を落とすべさ。水筒はしっかりと握ってた」

モッちゃんの言い分も納得できました。わたしは、体育の時にドッジボールをしたことを思い出しました。モッちゃんはドッジボールが好きで、強い球を投げました。汗をかいて活躍しました。けれど、不意をつかれて背中にボールを当てられました。すると、突然当てた相手の背中に飛び蹴りしようとしたのです。ゲームということがわかりません。鶴ちゃんのコブを冷やしながら、お互いの言い分を話してもらいました。

管理職と相談すると、

「モッちゃんの側から見れば意味はわかる。モッちゃんの言い分は筋が通っているわ。親に連絡してモッちゃんが叱られてもかわいそうだわ。ただ、鶴ちゃんのお母さんには、事情をちゃんと説明してくださいね」

家庭訪問することになりました。

「何時にお母さんは帰るのかな」

「母さんは、牧場のレストランで働いています。五時まで仕事です」

（ラッキー。コブが小さくなる）

まだ二時間近くありました。ゆっくり冷やして四時半すぎから歩いて彼を送ることにしました。まっすぐな国道を横切り、海沿いの町の方へ進みました。浜に昆布が並べてありました。

「先生、車じゃないんですか」

鶴ちゃんは、すっかり元気になりました。もともとあっさりした人です。

「こんな日は二度とないよ。語り合いながら、歩いていこうよ」

「だけど、母さんは五時半じゃないと帰りません。早すぎですよ」

「きみの家で待たせてもらうよ」

わたしは、ストーブ用の薪を綺麗に並べている駐車場でお母さんの帰りを待ちました。鶴ちゃんは家の中に入っていいよと言いましたが、それでは早く来た意味がありません。

お母さんが帰るのを風が吹く中、外で立って待っている。五月といっても風が吹けばまだまだ寒い。そこへお母さんの車が現れる。驚いて車のウインドーを降ろすね。そして、

「どうしたんですか、先生」

深刻な目で見つめられるかもしれない。わたしは、

「大事な息子さんが、頭にケガをしたので説明に来ました」

と、話す予定です。そして、鶴ちゃんの口から出来事を説明してもらいます。本人が自分の口から説明するのが一番親としても納得いくでしょう。お母さんが、鶴ちゃんのケガを確認する。す

ると、三時間以上も経っていてコブがアザになっているはず。お母さんが、

「牧場のミルクでも飲んで帰りませんか」

こう言ってくれると一件落着です。

そして今回も思った通りにことが運びました。次の日、鶴ちゃんに作文を書いてもらいました。

たんこぶ

あれは、水曜日の午後だった
モッちゃんの頭にぼくの水筒が「カン！」と当った
ぼくは　あやまった
しかし、モッちゃんは　熊のようにおこり　ぼくを投げ飛ばした
一瞬　頭が白くなった　ガ〜ン！　痛かった
そのあと　先生と静かな帰り道
ちょっとは　しゃべらないと……ぼくは　気を使った
頭を冷やした氷は　すっかり　とけてしまった

5 変えるのはまわり

詩を読み上げた後に、

「昨日の話し合いで、発見したことは何かな」

鶴ちゃんに聞きました。鶴ちゃんは戸惑いながら立ち上がりました。

「意外だった。今までモッちゃんは、こんな時教室から逃げていて話し合いにならなかった。それが、昨日は話し合いになった。驚いた」

「話し合いになった……」

「逃げなかったのか、ほんとうに」

と、声が上がりました。鶴ちゃんは前から二列目の席です。後ろを振り返り、

「それが逃げなかったんだ。驚くべ。だけど、ほんとうだ」

教室がざわざわとして、視線が別なところに集まりました。モッちゃんは、それを感じて頭をかきました。これまでモッちゃんは、逃げ出し自分を消すことで、なかったことにしたかったのかもしれません。

クラスには、モッちゃんをいじめる人はいませんでした。それは、関わる人がいなかったから

です。モッちゃんがそこにいても、だれも存在を認め関わろうとしません。消されていました。わたしは、鶴ちゃんの言葉を聞いて、初めてモッちゃんという人がクラスに存在することを、子どもたちに認識された気がしました。いじめとは、いじめることだけがいじめじゃない、関わらないことがいじめです。変わるのはまわりです。なんだかわけも知らず、わたしはひとり立ち上がり、モッちゃんの所へ歩き出しました。

三章

なにがあっても生きろ

9 わたしは捨てられた
——授業で他者を理解する

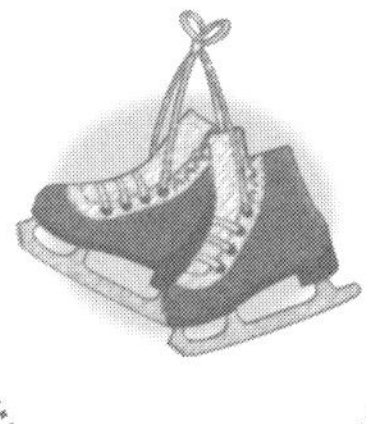

冬の北海道で死にそうになったことが二回ありました。一度は何でもないまっすぐな道をスタッドレスタイヤで飛ばしていると道路がわだちでくぼんでいて、それにハンドルを取られて滑ったことです。正面からトレーラーが走ってきて、あわやという場面でした。直線コースは怖いです。

もう一度は、三月の中頃で雪はたいして降らないだろうと油断していました。午後から雪が降ってきて、あっという間に三〇センチ積もり、みんなが早く帰ったほうがいいというので、六〇キロ離れた家に向かいました。でも、タイヤが雪にはまってしまいました。スコップをおろしていたので、手で雪をかき分けて六時間かけて帰りました。あの時は、ダメかもと思いました。家の前にたどり着くと、道路に出て懐中電灯を振って待っている人がいました。停電で街灯もつかない。家の明かりも消えている。目印でたっていたそうです。マイナス一〇度の夜を過ごしました。わたしが生きていけたのは、ともに生きてくれる人がいたからです。家に帰ろうとしたのは、待っている人がいたからです。この幸せをあなたは、子どもたちが感じていると思いますか。

1　8時半の電話

十和田愛さんは、始業式の直前に茨城県から転入してきました。あとで書類を見てわかったのですが、愛さんは二年の時から不登校で、多い年で九〇日お休みしました。いじめられたというのです。さらに、地域の人とおばあちゃんが自治会費をめぐってもめ、ふるさと北海道に戻り町営住宅に引っ越しました。転入の付き添いはおばあちゃんでした。お母さんやお父さんのことは気になりましたが、向こうが話すまで待つことにしました。

四月は、遅刻はありましたが欠席もせずやってきました。愛さんが休み時間にだれと過ごすのか、観察しました。すると、障害を持つ妹のいる夕菜さんが誘っていました。夕菜さんも寂しかったのです。家庭訪問でお母さんから、

「うちの子、わたしたちが死んだらなんと言っていると思いますか」

と聞かれました。わたしが答えられずにいると、

「うちは妹と一緒に後を追うから、って言うんですよ」

と、夕菜さんを見つめてうっすらと笑みを浮かべました。

（夕菜さんと愛さん、ふたりが友だちになってくれたらいいかもしれない）

わたしは思いました。

　五月の第二週、おばあちゃんから電話がかかってきました。

「うちの愛は、ちゃんと学校に行っていますか。さっき家を出たんですが」

と話し始め、家での様子を三〇分話しました。朝の会の時間でクラスのことが気になりました。

わたしは、次からは教頭先生に電話の相手をお願いしました。教頭先生は大家族で暮らしていて、お年寄りの話に慣れていました。五月の中頃、

「愛さんが家で暴れているらしい」

教頭先生は、あわてて教室まで伝えに来ました。わたしは、四時間目の英語の時間に町営住宅を訪ねることにしました。

「頼んでいた自転車、来ていますか」

こういう日が来る、事務の人に頼んでいました。不登校気味の子は新学期はやってきても、そのうち休みがちになる。家庭に通う時期に備えていました。

「一番いい、電動アシスト付きを買ったよ。ボイラー室にあるべ」

あるべという語尾は北海道の方言です。

　学校からまっすぐな道を日高山脈の方へ走るとゆったり流れる川があり、橋を渡ると茶色い壁に赤い屋根のサラブレットの牧場が見えてきます。真っ白に塗られた柵、手入れの行き届いた牧

草地、お母さんに甘える子馬を眺めていると、本当に美しいと思います。その横の坂道を自転車で一〇分登ると、愛さんの住む町営団地がありました。平屋の二軒続きの長屋が白樺の木立の中に一〇棟ほど並んでいます。わたしは四番目の家の前に立ちチャイムを鳴らしました。

「ブーブー」

中では物が飛んでいるような音が聞こえ、雪が残る地面にしゃがみました。

（一五分待つ。それでドアが開かなかったら帰ろう）

どうやら、おばあちゃんと愛さんが言い合っています。きっと、おばあちゃんが嘆きながら、説得しているのでしょう。けれど、愛さんだっておばあちゃんとふたり暮らし、やり場のない寂しさが爆発して反発するのではないでしょうか。学校ではおとなしい愛さんが自分を主張している、主張できるんだと思うと少しホッとします。もし面倒見のいい教師がドアをさっと開け、愛さんを連れ出したとしましょう。愛さんは学校に来ましたが、家庭での話し合いを教師が奪ってしまうことになりませんか。問題の先送りです。そのうち迎えに行っても、トイレに鍵をかけ閉じこもります。学校に来させることに目が行き、彼女が葛藤し戦っていることを見落としてはいけない、焦る自分に言い聞かせました。

一度だけ愛さんのお母さんに会いました。四月の終わりにおばあちゃんが学校に連れてきました。まだ二〇代で小柄な人でした。年よりもっと若く見えました。お母さんは、全くしゃべりません。前の旦那さんとの間に愛さんが生まれ離婚しました。好きな人ができると家を出て相手と暮らしました。四人目の今度は愛さんがいることを話さずに結婚し、青森で暮らそうとしていることをおばあちゃんが涙を拭きながら教えてくれました。

「おばあちゃんが、ひとりで背負ってきたんですね」

教頭先生が声をかけました。校長先生が、

「だれだって幸せになりたいわなあ。こればっかりはしょうがないべさ」

と、お母さんをかばいました。すると、

「愛をお願いします」

小さな小さな声で、お母さんが言ったことを思い起こしていました。その時、玄関が開きました。ドアだと雪が積もると開かなくなるので引き違いです。おばあちゃんがタブレットを手に、

「またダメにしたべ」

と、ひとり言のように嘆きました。

「またですか」

「そうだべさ。これで二台目だべ。金もないのに……」

おばあちゃんのひとり言は続きました。すると、

「うるさい！　わたしは捨てられた……」

甲高い愛さんの声が響きました。そして泣きました。

わたしは、しばらく待ちました。そして、愛さんと一緒に学校へ向かいました。坂を下り小さ

な橋をわたると、すぐ前をシカの家族が横切っていきました。

「シカにも家族がいるのに」

愛さんは、立ち止まりました。

「わたし、母さんに好きに生きていいなんて言っていない。母さんは、あなたが背中を押してくれたのよって、わたしのせいにして出て行った」

欄干に持たれシカの群れを目で追いながら、うっすらと笑みを浮かべました。あの橋の上で見たものは、遠い日に失ったひとりの少女の笑顔でした。

2　遊びの約束

愛さんは週に一日休み、二日遅刻しました。これが彼女のペースです。六月の中頃、連続して休みしました。欠席が続いたときは、迎えに行くと決めていました。久しぶりに自転車に乗りました。まだ長袖が必要です。白樺の木立の間を自転車で飛ばすのは爽快でした。ベルを鳴らすとゴソゴソと支度をしながら必ずやってきました。次のステップとして夕菜さんに朝、呼びに行くことを頼みました。呼びに行くといっても、うちの校区は全員バス通学です。そのバスから一度降りて、愛さんに声をかけるとおばあちゃんが、

「あとから行くべ」とか、「今日は無理だべえ」と教えてくれ、それをわたしに伝えてくれまし

た。それでも子どものつながりもでき、様子もわかり安心しました。ただ、夕菜さんには妹もいたので負担になっても悪いと思い、もうひとり同じ町営住宅に住む千明さんにお願いしました。

「なあ、愛さんと遊んでいるのかな」

昼休み、机を下げている千明さんに聞きました。

「うん遊んでるよ。でも、約束しても来ないんで」

つまらなそうに答えました。わたしは、

「その日のことを書いてよ」

と、頼みました。

愛ちゃんを待っていて

土曜日のことだった　愛ちゃんを待っていた
一時間たっても　二時間たっても　こなかった
ピンポーン　と鳴って　愛ちゃん　と思って
ドアを開けても　その姿は　愛ちゃんではなく
となりのおばさんだった　わたしは　心の中で
「愛ちゃんじゃないのかよ」と、思った

その日は　待ったけど　来なかった
わたし　ずっと　ずっと　心配したんだよ

3　詩を使ってコミュニケーション

千明さんの詩を授業で使うことにしました。

「こんなに友だちに心配されたことってありますか」

問いかけました。そして、子どもたちの反応を学級通信に載せました。愛さんのおばあちゃんに読んでほしいからです。愛さんは、前の学校でいじめられたそうです。不登校の原因だと話していました。わたしは迎えに行っても、

「なぜ来ないの？」

理由を聞きません。聞きすぎると先生が怖いか、友だちがいじめるに落ち着きそうです。それよりも、愛さんに友だちをつくろうとわたしがしていること、そして、今までいなかった遊ぶ友だちができたことを知らせようと思いました。今は七月です。欠席が増えてくる一月あたりに、

「うちの子はいじめられてないべ？」

と、おばあちゃんが聞いてくる前に、積極的に取り組みをしたかったのです。

おくれても

おくれても　おくれても　わたしはやってくる
家を出て　橋をわたり　きつい坂をのぼる　またくだる
そしてカバンを持ちかえる　ハアハア言いながら　坂をのぼる
横断歩道をわたる　あと少しで学校　ちょっといやだな、と思う
でも、いかなきゃ　千明ちゃんが待っている
いっしょに遊ぶ約束したから　わたしは歩く

今度は愛さんが千明さんの詩に返事を書きました。わたしは再び詩を使い授業を計画しました。書くことを真ん中に他者理解ができれば、子ども同士の関係はきっと良くなる、こうやって授業でいじめを防ごうとしました。

けれど次の月曜日、愛さんがお休みしました。翌日、わたしはやってきた愛さんと夕菜さん、千明さんを中庭のベンチに集めました。お昼の日差しが細くいくつかの筋に別れ、やさしく照りつけています。となりの牧場では牧草地にトラクターが入り、干し草ロールが点々と転がっていきました。そのひとつに光の筋が当たりました。

「美しいよなあ、北海道ってなんでも美しい」

「雨あがりですからね。先生、用事って何ですか」

千明さんが言いました。

「あっごめん、きのうさ、愛ちゃんが学校に来なかったやろ。どうだった？」

夕菜さんに聞きました。すると、

「朝来てないから、心細かった」

「なんで？……」

薄青い空から日差しがさしてきました。わたしが愛さんの顔を見つめると、
愛さんが静かに尋ねました。二人は顔を見合って、

「だって友だちでしょ？」

夕菜さんが愛さんに確かめるようにゆっくり言い、顔を覗き込みました。そして、そっと手を触りました。ちょっとの間、時間が止まりました。わたしは、

「愛さん、夕菜さんがそういっているよ」

誘いかけました。すると千明さんが、

「わたしだって同じよ」

隣に座りました。

「ええ……？　わたし、あなたの友だちなの？」

驚いたように言いました。

「もちろん。きまってるじゃん」

夕菜さんも千明さんも目を大きく開き、愛さんを見つめました。再び、愛さんは黙りました。広いグランドに子どもたちは数人だけ。七月といっても風が冷たいのが北海道。それでも、愛さんの言葉を待ちました。すると、

「うれしい！」

解き放たれたように声をあげ、愛さんは両手を軽く合わせました。

4 クラス全員リレー

九月の終わり、愛さんに遅刻が目立ち休みがちになりました。二学期が始まって「忘れ物を減らそう」と取り組み、いよいよ学習の番だとわたしは子どもたちを授業に追い込もうと張り切っていました。それが負担になり表情が暗くなったのです。さらに、一〇月の中旬は「漢字の宿題をしよう」と、提案しました。学力向上の波がわたしにも押し寄せていました。けれど、調べると愛さんがいつもしていません。個人競争だと愛さんが困る、それで班単位の取り組みにしました。これなら、個人が目立つことなく励まし合う場面が生まれる予定でした。しかし、班の子どもたちは、

「なして、漢字をしてこないのさ」

冷たい視線を送りました。

「なして、できないのさ。ドリルを見ればできるっしょ」

ヒソヒソと班の中で話す声が聞こえました。わたしは迷いました。彼女ひとりのために学習の取り組みを引っ込める、それでいいのかと。週末に、班長のマッコさんが、

「みんなと同じことをしてー！」

と、愛さんを怒鳴りました。わたしは、自分でいじめの土台を作ってしまったことに気づきました。オレたちは頑張っている。なのにどうしてお前はできないのか。異質なものを排除する、それがいじめです。わたしは、学校や社会の底辺にいる弱い子どもの切なさを忘れて、上手に管理し能力主義へ誘い込んでいたのです。それは、わたしが競争主義に囚われていたからでした。

次の月曜日、愛さんは学校を休みました。火曜日も朝から姿を見せません。マッコさんを連れて家を訪ねました。こんなことを三回ほど繰り返し一〇月の終わりになりました。

「先生、どうして愛ちゃんちには、お母さんもお父さんもいないの」

マッコさんが聞いてきました。

「それは、愛さんの個人情報だから教えられないよ」

自転車を押しながら答えました。

「あっ雪、もう冬だわ」

空から白いものが降ってきました。マッコさんはそれを手で触りながら、

「まあ、うちの家も毎日父さんと母さんがケンカして、いつ離婚しても不思議じゃないけどね」と、わかったような口をききました。

取り組みをあきらめ、もとの調子に戻った一一月中旬、となりの体育主任がクラス対抗スケート大会を開きたいと言い出しました。

「ちょっと競争は、どうもなあ……」

歯切れが悪くなりました。だって、わたしはベテランです。若い人の望みも叶えてあげたい。けれど、愛さんのことも気になる。

「先生、クラス一チームで全員がリレー形式でスケートリンクを半周する。力を合わせるには絶好の機会ですよ」

三〇代の男は、熱すぎるほど燃えていました。

「一月ですか。それに向けてクラスがまとまるかもしれませんね」

一組の担任が賛成しました。

(うちは壊れるかもしれない)

頑張らないことにしました。それでも練習を少しは繰り返しました。しかし記録は伸びず、いつも最下位でした。年が明けついに本番。河川敷にできた特設リンクが光っています。学校から二キロ離れたところに河川グランドがありました。夏はサッカー場で、冬になると一週間かけて町の担当者が水をまき、広い氷のスケートリンクをつくりました。子どもたちは入念に手入れしたスケート靴を履きました。マイスケート靴です。わたしも、以前学校にいた先生からいただいたスケート靴を二時間かけて研ぎました。

ホイッスルが鳴りました。歓声が上がります。一周三〇〇メートルほどのリンクをひとりが半周滑ります。三クラスが入れ替わりながら競い合っていました。

「今日は、勝負になっているな」

体育担当がつぶやきました。それだけでも嬉しくなりました。

「一組がバトンを落としたー」

誰かが叫びました。わたしのクラスはミスもなく、順調にリンクを走っています。

(もしかしたら、優勝できるかもしれない)

ランナーは、二八番目の愛さんとアンカーだけになりました。このままいけよ、またまた競争主義が芽を出しました。その時でした。バトンが愛さんにわたり、右、左と滑り出した瞬間、ザザッと彼女が転びました。

(なんで、こんな時に……)

何秒かたったころ、愛さんは起き上がりゆっくりと滑り始めました。アンカーにバトンがわたりました。最下位です。わたしは、愛さんのそばへ行く気になれません。行けば愚痴りそうです。

すると、千明さんがそばに行き声をかけました。

「だいじょうぶ？」

「………」

「愛ちゃん、大丈夫？」

「……うん、わたしなれてる」

（なれてる？　どういうこと？）

この言葉を使って授業をしようと考えました。

5　個と集団、授業で他者理解

道徳の時間、きのうの場面を再現し言葉を読み取ることにしました。愛さんとも相談していました。

「あの時、愛さんがわたし慣れてるって言いました。それは、何に慣れているのでしょうか」

と、黒板に問いを書きました。

「走っていて転んで、痛い思いをするのに慣れている」

「ぼくも。今度もまたこけて、けがしたかって」

「よくこけて、膝とか打って血が出ることに慣れてる」

こけるのに慣れているとしたら、あんまり単純すぎないか、語気を強くして返しました。すると、

「大事な場面で失敗してしまう、自分が失敗することに慣れているのかな」

と、マッコさんが発言しました。

「出だしは、いい線行くぞって思うんだけど、やっぱり途中でだめになる。それが自分。そんな自分に慣れている」

「期待され期待を背負って、でもそれを裏切ってみんなをがっかりさせることに、慣れている」

「みんなから応援され、優勝するかもって見つめられ、転んだ痛さと視線の痛さ、心の痛さに慣れているんじゃないかな」

子どもたちは、愛さんの気持ちを想像しました。想像すること、それが他者理解です。わたしは愛さんを呼び、

「前半の意見グループと後半の意見グループ、どちらがあなたの気持ちに近いのかな」

尋ねました。彼女は、後半の意見グループを指差しました。次の日、彼女にきのうのことを詩に書こうと誘いました。

わたし　なれてる

わたし　なれてる　転んでケガをすること
わたし　なれてる　寝ぼうすること

わたし　なれてる　ゲームをすること
ばあちゃんに　がみがみ言われること
わたし　なれてる　痛い思いをすること
みんなの期待を裏切ること
わたし　なれてなかった　千明ちゃんに
だいじょうぶと　言われたこと
みんなが話し合ってくれたこと
わたし　しかられると思った　こんなことは初めてよ

わたしは誰からも愛されてはいない。愛さんはそう叫んでいました。けれど、一生そうやって文句ばかり言って人から遠ざかっているのは寂しすぎる。

「あなたのことを知っているよ」

「きみはひとりじゃない」

ぬくもりのある言葉を愛さんに届けたいと思います。日常の出来事を授業として取り上げ、個人と集団をつなぐのです。個人の背負っていることを、そのまま語らそうとするのではありません。つぶやきを読み取ることで、子どもたちの他者理解は進み、まわりの発言は、愛さんのこれまでの人生からすると思いがけないものでした。

わたしのクラスはいじめの危機を逃れました。けれど、子どものことを思って始めた取り組みが差別を呼ぶこと、クラスをまとまらせようとした活動が、正反対の結果を生む恐怖を感じました。

愛さんは、自分を閉じ込めていた黒い世界だけでなく、あかりの灯る世界があることを知りました。わたしたちは、授業の中で積極的に日常のトラブルを取り上げ他者理解することを通して、子どもたちを覆っているいじめ世界と対決し、閉じた心を開いていかなければなりません。

あなたが思っているほど世界は悪くない。夢を見ることをあきらめないで、わたしは言いたくなりました。

10 愛情満タンお願いします
——ヘルプを求めるチカラ

北海道の春は、五月の連休前後に訪れます。芦別岳の裾野に桜が咲き、木々が新しい葉をつけ中腹を染めます。けれど山の上にはまだ雪が残っている、ピンクと緑と白の三色が目の前に広がると春です。最高に美しい光景です。大分を離れ、北海道へ行くことを何年間か考えました。そんな時、兄が病気になりました。すい臓がんでした。余命を宣告され病状について説明があるからついて来てくれと言われましたが、授業参観と重なっていたので断りました。実は、兄の病気をわたしは受け入れられなかったのです。授業参観は本当です。一五歳離れた兄はかっこいい車に乗り、山に登る憧れの存在で、父を早くに亡くしたわたしの高校入試や大学入試の送り迎えをしてくれました。兄は今どうしているのかな、と考えることがあります。何かを受け入れる、やさしいようで時間のかかることです。

1　給食を食べない

神木くんは発達障害と診断され支援学級に在籍していました。時折柔らかい風が吹き始めた三月、わたしは駐車場から職員玄関に向かって歩き出しました。雪はまだ積もっています。氷に足を取られないように歩幅を小さくしました。すると、もうとっくにスクールバスから降りた神木くんが、雪を投げながらこっちにやってきました。わたしは少し距離をとりました。一、二歩近づいてきます。その分離れました。

「タンちゃん、逃げないでー」

わたしは逃げました。そして四月、神木くんの担任になりました。

「ウー、ウー」

気に入らないことがあると、うなり声を上げ噛み付こうとしました。止めに入ると引っかきます。後ろから抱き抱えると足で蹴りました。やむなく押さえつけるとつばを吐きました。手を離すと、教室を飛び出し学校をさまよいました。いらだつ自分を止められない、暴力を振るう自分を抑えられない、暴力を家で受けているのかもしれないと感じました。神木くんに関わろうとする子はいません。声をかけても悪口を言われるか、うなられるか、噛み付かれるかでした。

最も困ったことは、気に入らないことがあると給食を食べないことです。ストライキに入ります。「タンちゃーん」と叫んできた甘い言葉はなんだったんだ、だまされた気になりました。放

課後お父さんに、

「給食を食べていません」

と、連絡を入れるのが嫌でした。なんとか食べてほしいと作戦を考えました。

　神木くんは朝やってくるとわたしに抱きつこうとしました。それを手で押さえて、

「今日の予定を確かめるよ。そして給食のオカズはちゃんと食べようね」

声をかけました。けれど、

「はい、それから」

神木くんからせかされると、ちょっとムッとしました。

　五月の初めに家庭訪問がありました。神木くんのうちは、映画のロケで使われた駅から車で五分ほど走った湖の近くにありました。カラマツの森が後ろに迫っていて、クマゲラが木をつつきました。平屋の古いコンクリート住宅で、入り口には五〇〇リッターも入る灯油タンクがありました。冬は雪で窓の半分が覆われるそうです。背の高いお父さんと小柄なお母さんが待っていました。お母さんは青白いどこか不安な感じの方でした。

「うちの妻は病弱なので、わたしが子どものことはしています」

お父さんが説明し、お茶を入れてくれました。部屋には、おじゃる丸のポスターがいくつも貼ってありました。

（おじゃる丸カードでほめてみよう）

次の週、神木くんがやってきます。

「タンちゃーん♡」

抱きつこうとする、それを手で離して距離をとり、

「今日の予定を確認しようね。ちゃんと給食を食べたら、おじゃる丸カードをあげるでおじゃる」

と、ちらつかせました。

「何それ、くれるでおじゃる」

これは二週間もちました。けれど、すぐ元に戻りました。わたしは神木くんの給食を一番について、「いただきます」の前にふたりでさっさと食べることにしました。先に食べ始めると、

「みんな、早く食べろよ。一番でおじゃるー」

ご機嫌になりました。追い抜かれると食べるのをやめました。

「どうして、ふたりだけ先に食べるんですか」

愛さんが、遠慮しながら聞きました。愛さんは昨年、茨城県から転入してきた人で、不登校の経験がありました。愛さんだけは、神木くんを対等に見ているんだな、と思いました。だって、ひとことくらい言いたいことはあるでしょう。それを黙っているのはおかしいです。

「給食を一緒に食べてくれる先生を、神木くんに付けてくれませんか」

職員室でお願いしました。

「なるほど、そういう傾向が神木くんにあるのですか」

教頭先生と教務の担当がうなずきました。

「リカ先生に給食時間に行ってもらおう」

二九歳の算数担当が付いてくれることになりました。

3　愛情満タンお願いします

北海道の学校はオープン教室ではありません。廊下とのしきりはしっかりとした壁で、そこが冬になるとコート掛けに変わります。廊下に出ると五年の教室の前に手洗い場がありました。

「丹野先生、神木くんと手をつないで手洗いに行こうとしたら、握ってくれません。わたしから逃げるんです」

リカ先生が嘆きました。リカ先生は身長が一六五センチのスラリとした黙っていても笑っても美しい人でした。聞きながら家庭訪問の様子を思い浮かべ、

（神木くんは、女の人が苦手なのかもしれない）

と思いました。

（お母さんは、神木くんを抱っこしたことあるのかなあ）

想像しました。

六月になって、すぐに神木くんが休みました。二日間休んでほっぺをはらし、サロンパスを貼って出てきました。

「どうしたの？」

「歯が痛くてたまらなかった」

けれどほっぺには、うっすらと黒ずんだアザがありました。

「お父さんが、たたくからなあ……」

教頭先生がため息をつきました。

「ええっ？　たたいたくらいでアザが付きますか」

お父さんは、お母さんの面倒を見て神木くんの食事や身の回りのこともしてくれます。悪いことをすると手が出ました。支援学級に入れることを認めるまで、三年かかりました。

わたしは、朝まっすぐにやって来る神木くんを受け入れることにしました。

「タンちゃーん♡」

神木くんが抱きつこうと小走りにやって来ると、

「神ちゃーん」

わたしも手を広げることにしました。そしてふたりが抱き合う、まわりの子どもたちがびっくりしました。

「神ちゃん、何分くらいこうしておけばいいのかな」

「六〇分!」

「六〇分は長いなあ、六〇秒でどう?」

「六〇ならいいよ」

分と秒の違いがわかりません。一方の手でタイムキーパーをセットします。

「ピピ、ピピ、ピピ、ピッピー」

と鳴りました。

「もう六〇分たったの?」

「うん六〇秒ね、楽しいことは短いものだよ」

翌日も神木くんは同じことをしてもらえると期待してやってきました。わたしは、

「ぼくに、ひとこと頼んでくれないかな」

注文を出しました。

「タ、タンちゃん! 愛情満タンお願いします」

わたしたちは、ひしと抱き合いました。相手にお願いする、ヘルプを求める力をつけてほしかったのです。自分でできなくていい、頼る力です。溢れるような幸せがない、人から大事にされた経験のない子どもは、自分も人も大切にできません。だから簡単に人をいじめ、いじめられるともろい。わたしは神木くんに何ができるのでしょうか。

4　運動会のリレー

北海道の夏は六月から七月にかけての短い時期です。運動会は六月の下旬でした。うちの学校は体操服がありません。不揃いなジャージ姿で運動会の練習がスタートしました。今日はリレーの練習です。神木くんにバトンが渡りました。走り始めました。すると白組が神木くんと競り合い、追い抜きました。神木くんは少し追いかけ、追い抜いた子どもめがけてバトンを投げつけました。スルリと相手はかわし走り去りました。次の走者の愛さんが、神木くんが投げたバトンを黙って拾いました。そして何もなかったように走りました。

わたしは、練習の後に黒板に絵を書いて場面を再現しました。そして、

「神木くんに言いたいことはないか」

と、問いかけました。シーンとしました。静かに包み込んでいるやさしさと一見受けとれました。けれど、同じクラスの一員です。注文や文句のひとつもあるでしょう。そういう感情を押し殺しているといじめや差別が起きるかもしれません。わたしはこんなふうに話しました。

「神木くんはバトンを投げた。けれどその行動は成長していた。それはなんだと思う?」

子どもたちは、不思議な顔をしました。

「バトンを投げた時、なんで投げるんだと思ったよ。でも、去年の神木くんは抜かれる前にバトンを投げていた。でも今年は、抜かれても一〇メートルくらい走りバトンを投げた。成長したと

思うよ。この調子で遠くからバトンを投げてほしい」

そして、

「神木くんはバトンを投げる。だとしたらどんな作戦が必要か、言いたいことをガマンするのではなく、対策をたてよう」

と呼びかけ、班ごとに作戦を出し合いました。

5 ヘルプを求めるチカラ

運動会も終わり、夏休みまであと二週間。そんな頃に水泳の時間が始まりました。北海道の夏は、天気でも薄い色の青空で肌寒く、プールはガラスハウスになっています。靴箱でサンダルに履き替えグランドを横切り、白樺の木の間に止まっているスクールバスに分乗して町営のプールへミニ旅行です。

「先生、バスから降りたら神木くんに水泳バックでたたかれました」

ジャイ子さんが給食の準備をしていたわたしに言いました。

「なんで?」

「帰りのバスでおじゃる丸の歌を大きな声で歌っていたんです。それで、声を小さくしてってって言っても聞いてくれなくて、やめて！ と言ったら怒って、それでバスから降りたらたたかれました」

ちょうどそこへ、鼻歌を口ずさんで神木くんがやってきました。

「神木くん、ジャイ子さんをたたいたんだって」

わたしが言うと、掃除用具入れから長いホウキを取り出して、うなりながらジャイ子さんめがけて走り出しました。

「バーン！」

間一髪、ジャイ子さんがかわしました。もう一発と振り上げたところで、わたしはホウキを奪いました。

「ウウー」

うなり声が叫び声に変わってわたしを襲おうとしました。わたしは後ろに回って、手で抱きかかえました。その瞬間、足でつま先を踏まれました。

「イテ……」

手を離しました。すると今度は、

「ガリ……」

右腕の内側を一五センチほど引っかかれました。血がにじんできました。神木くんは教室を飛び出しました。五時間目が終わり帰りの会をしていると、

「ドン、ドン、ドン」

と、渡り廊下の鉄の扉を蹴飛ばす音がしました。神木くんが、

（迎えに来い）

と、言っているようでした。わたしは静かに立ち上がりました。

「教室に戻ろうか」

柔らかい太陽の光が、ガラスで覆われたわたり廊下に差し込みました。

「ウゥー」

再び目を吊り上げました。わたしは子どもに話すとかそういう気持ちを忘れて、

「いい加減にせんか。これを見ろ」

保健室に行って消毒し、包帯をぐるぐると巻いた右腕を見せました。

「いいか、今までにきみと一緒にご飯を食べてくれた先生がいたか。愛情を満タンにしてくれた先生がいたか。それなのに思いっきり引っ掻いて。もう本当に好きにしたらいい」

わたしは大人げなく怒鳴りました。すると神木くんは、

「本当に痛いんか」

と、わたしの右手に小さな手のひらを重ねました。わたしは、

「あたりまえやろ。見るか」

包帯をほどいて見せました。そして、

「ゆっくり反省しろ」

そう言って教室に戻りました。子どもたちが帰ると神木くんが戻ってきました。わたしは、帰りの支度をしていたジャイ子さんと三人で話し合うことにしました。

「どうして、水泳バックでたたいたのかな」

「ぼくが歌を歌っていたら、邪魔してきた」

「大きい声で歌っていたからや」

ジャイ子さんが口を出しました。

「その時、ジャイ子さんがどう見えたのかな」

「うーんと、クマのように見えた」

「ええー、クマ……」

またジャイ子さんが声を上げました。ジャイ子さんは地区の女相撲の小学生チャンピオンで、言葉づかいが乱暴で恐いと他の学年から苦情も来ていました。

「ジャイ子さん、言い方だけは少し考えたほうがいいんじゃない？」

神木くんの言葉を受け入れました。

「だけど、暴力はやめようよ。神木くん、あやまれるかな」

「ウウー」

神木くんは、うなり声を上げました。たまたま、右端の隅っこで愛さんが居残り学習をしていました。

「愛さん、あなたは時々神木くんと遊んでいるよね。神木くんは今自分と戦っている。代わりにあやまってくれませんか」

頼んでみました。愛さんは神木くんをひとにらみして、ゆっくり立ち上がり、

「ジャイ子さん、ごめんなさい」

と、あやまりました。その瞬間、神木くんが立ち上がってペコンと頭を下げました。次の日、愛さんに詩を書いてもらいました。

ごめんなさい

このあいだ　神木くんの代わりに　あやまった
ひそかに聞いていた　あの性格ならあやまらないな
しょうがない　「ごめんなさい」　代わりに　あやまった
ちょっとして　ふたりっきりになった
とつぜん　「朝ごはん、なに食べた」　神木くんは言った
「つぎ暴力振るったら　マジ怒るからね」　わたしは言った
ふたり並んだ帰り道　気分よかった
神木くん　この恩は　いつか返してね

この詩を神木くんに読んで聞かせると、

「せんせい、ぼくが愛さんを朝呼びに行こうか」

と言い出しました。神木くんが町営住宅の前で、

「愛さん、早く出てきて。学校へ行くよー」

あたりかまわず叫ぶと、愛さんが少し頬を染めて出てくるようになりました。欠席も遅刻も減りました。一一月の終わりにリカ先生が、

「わたし、さっき神木くんに手を握られました……」

と、嬉しそうに教えてくれました。


人に暴力を受けると誰かをたたきたくなります。暴言だって同じです。暴力は連鎖します。ある事件では加害者であっても、違う事件や切り取り方を変えれば立場が変わります。神木くん、誰かを頼ったらいいんだよ。ヘルプを求めるチカラ。しかし、受け止められた経験、見捨てられないという信頼感や安心感があってこそ、人を頼ってみようかなとなるわけです。幼い頃は親でしょう。それが、大きくなると大切なのは友だちです。仲間です。神木くん、つまずいたり転んだりするようなら、そっと手をさしのべるよ。だって、わたしは転んでばかりだった……。今も転んでいる、だから人を頼るんです。

ヘルプを求めるチカラ、子どもたちにつけてあげてください。しっかりさせることだけが大事じゃありません。

11 暴力No.1、男の交換ノート
——否定の中の肯定

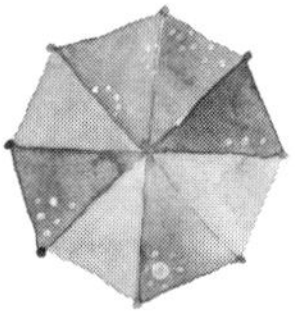

北海道から沖縄へ引っ越してきました。人生というのは何が起きるかわかりません。この四年、大きな何かを失い何かを得た気がします。北海道に移り住み人生を終える予定でした。けれど仕事がありません。仕事がないというのは、これまで忙しく働いてきたわたしにとって辛いものでした。そこへ沖縄に来ませんか、と声をかけていただき嬉しかったものの無理だろうな、と思いました。けれども運良く沖縄に移り住むことになりました。

これでよかったのか、別な人生があったのかもしれません。しかし、今のわたしは新たな自分づくりと人との出逢い直しの連続です。否定の中の肯定とは、一見困った行動も表現のひとつとして読み取ると、言いたいことや要求が否定的な表現になっている、だったらそれを肯定的に受けとろうというものです。子どもも大人もそしてわたしも、素直に自分を出せるわけではありません。だからこそ、うまく通訳して受け止めてもらえないでしょうか。

1　くつ箱でなぐりあい

いつも赤い靴を履いていました。休み時間のリーダーで、秀吉くんはみんなを誘って外へ出ました。彼は一学期の委員長に立候補し、最もたくさん票を集めて当選し、クラスをまとめてくれました。六月の中頃、

「あなたは人気者ですね」

給食をふたりで食べながらほめると、

「おれは四年の時、一番暴力をふるって人をいじめた。毎月一回は、母さんとあやまりに行った」

自分を語り始めました。どんな過去も切り離すことはできません。けれど過去にこだわることもない、やさしい言葉で伝えました。

そんなことも忘れ一〇月になりました。運動会が一週間前に終わり、心が踊らない日が続きました。

「せんせーい、秀吉くんがくつ箱で隣のクラスの人をなぐっている」

職員室に子どもが数人、駆け込んできました。秀吉くんは同じ野球部の佐渡山くんを押し倒し、馬乗りになって彼の頭を床に、

「ゴツン、ゴツン、ゴツン、ゴツン」

と、打ち付けていました。わたしは、ふたりを引き離し保健室へ連れて行きました。ふたりとも泣いていました。わたしはじっと秀吉くんを見つめ、

「とうとうやってしまったんですね」

と言いました。秀吉くんは、

「ぼくがくつ箱でちょっかいを出したら、こいつが無視した。だから追いかけたら、振り向いてふざけた。それで、ムカついて倒して……」

と、話し出すと号泣しました。その目がとっても悲しげでした。

「うちの組の佐渡山くんが悪いはずはない！」

隣のクラスの先生が、保健室に入ってきて怒鳴りました。

（ぼくも、そう言いたかった）

けれど、わたしはこの学校に来たばかりでひとことも言い返せず、脳神経外科に行く佐渡山くんを見送りました。保健室にわたしと秀吉くんのふたりが残りました。

「お母さんは、家にいるの？」

「いいえ、スイミングのコーチをしていて、五時半じゃないと帰りません」

わたしは、その時間に秀吉くんの家に行かなくてはと思いました。うちの学校は、首から上のケガは家庭訪問して説明することになっていました。

2　夜八時の電話

外は雨でした。わたしは、愛車のボルボに乗って秀吉くんの家に行きました。沖縄の道は島の大部分が基地に土地を取られていると実感するほど、基地の金網に隣接していました。細い道を注意しながらハンドルを切り、コンクリートの家と家の間をすり抜けると大きなガジュマルが見えました。地区の祈りの場、御嶽《うたき》がありました。さらに進むと、行き止まりに秀吉くんの住む古いアパートが建っています。車をそのまま止め開いている玄関の前に立ち、

「こんにちは！」

と声をかけました。

「………」

声を出さずにお父さんが立っていました。お父さんは丸坊主で、眉毛が太く肩にタトゥーが見えました。コンクリート職人です。

（雨だから休みか……）

お父さんが出てきて、「秀吉くんのお母さんはいますか」とは聞きにくく、わたしはお父さんに事件を順に説明しました。お父さんは、ずっと黙って聞いていました。間が持ちません。

「あの、この説明でわかっていただけたでしょうか」

「ああ、相手にあやまりに行けっていうんじゃろ」

「はい……そういうことです」

わたしは開いたままの玄関を出て車に乗りました。お父さんも外に出てきました。

（車で来なければ良かった……）

古いアパートに不釣り合いな車で来て、Uターンに手間どりました。

家に帰るとぐったりしました。音楽をかけると全身の力が抜けました。少しうとうとした時です。電話が鳴りました。

「あのう秀吉の母です。いま佐渡山さんのお宅にお詫びに行き帰ってきました」

「ありがとうございます。お疲れ様でした」

ほっとした気持ちがお礼になりました。すると、

「うちの子にも言い分があるようで……」

と、お母さんが話しだしました。時計を見ると八時でした。

（きた。ややこしくなるのかな）

わたしは息を潜め、反応せずに聞くことにしました。

「そうでしたか。そんなことを話しているんですね」

なんて答えると、あした確認して再び連絡しなくてはなりません。ここで終わりにしたかったのです。お母さんは、

「うちの子はこれまで人に暴力を振るい、いじめてきましたから、悪いのはきっとうちの子で

す」

と、電話を切りました。

（よかった、終わった……）

と思いながら、こんな終わり方でいいのかと自問自答が始まりました。

3 足音

車は近くのコンビニに止めて細い道を歩きました。ガジュマルの横を通り両側にコンクリートの家が見えました。どの家も白い壁が薄暗い電灯で黄色く照らされ、異国のような感じがします。右に曲がり三〇メートルほど行くと行き止まりです。足取りが重くなりました。わたしはお母さんの話を振り返り、ちょっとして電話をかけました。けれど、

「お客様の都合で現在使われておりません」

とオペレーターに遮られました。行くしかないと家に向かいました。

「こんばんは」

今度は玄関が閉まっていました。

「あら、せんせい」

お母さんが出てきました。秀吉くんが後ろに隠れました。

「お母さんが、電話で話していたことが気になってやってきました。お互いに言い分はあると思います。わたしは秀吉くんが一方的に悪いとは思いません。でも、ケガをさせたことはあやまった方がいいと思いました」

と、ひとつひとつ確かめながら話しました。そして、

「お母さん、今回のできごとは悪いことばかりではありません。ちょっかいを出したのは、遊んでほしかったからです。言葉でそう言えれば良かったのにね」

と言うと、

「秀吉はいつも、いじめっ子と呼ばれあやまりに行きました」

お母さんが、腕組みをしながら秀吉くんの頭を押さえました。

「今回は新記録じゃないですか。秀吉くんは偉いですよ。六ヶ月間もトラブルを起こさなかったんです。次は七ヶ月にしてほしいですね」

わたしは本心からそう思いました。否定的なトラブルも通訳すれば要求があり、今回は新記録が生まれていました。完璧な人なんていないんです。わたしは秀吉くんも母さんも放っておけない気がしました。いつも人をなぐり、怒鳴りいじめたと言われた秀吉くんも、夜に家をまわり頭を下げるお母さんも、どんなに辛かったでしょう。被害者も加害者も出したくない、強く思いました。

「納得していただけましたか」

三〇分ほど話したところでわたしは聞きました。お母さんが、頷いてくれたので帰ろうと傘を開きました。すると、

「先生、歩いてきたんですか」

と尋ねられました。わたしはちょっと迷いましたが、

「はい、歩いてきました」

と小さく答えました。その方が答えやすかったのです。

「それじゃ、家まで送りましょう」

わたしは遠慮しました。送ってもらったら、また車を取りにコンビニまで戻らなくてはなりません。傘をさして歩き出しました。

壁を照らした電灯が霧雨で白い輪っかをつくりました。来た道を左に曲がりガジュマルの木を通り過ぎようとした時、

「ピタッ、ピタッ、ピタッ」

後ろから足音が聞こえ、そして止まりました。振り向くと野球帽をかぶった少年が立っていました。少年は背中をピーンと伸ばし、わたしを真っ直ぐに見つめました。そして帽子を取りながら、

「先生、ありがとうございました」

声を張り上げ、深々と礼をしました。

4　男の交換ノート

次の日、わたしは秀吉くんに詩を書いてもらいました。

なみだ

よる八時半　先生がやってきた
ああきっと　トラブルの話だ
だけど驚いた　だってほめられたんだ
「去年より進歩しているよ」　こんなの初めてだ
ほめられるなんて　シンジラレナイ
ぼくは先生を追いかけた　真っ暗だ　広い道路に出た
「先生、ありがとうございました」　先生がゆっくり振り向いた
ちょっと間があって　やさしく　ぼくの肩をたたいた
ぼくは　そっと　なみだをぬぐった

秀吉くんの詩を小さなノートに貼りました。そして、

「読みたい人は、だれでも読んでもいいよ。ただ感想だけは書いてね」

こうやって、自由な交換ノートをスタートさせました。最初に関心を示したのは、やっぱり似た者同士。すぐに切れるタイプの拓海くんと雄大くんが、

「なみだって、泣いたんか」

クスクス笑いました。そのうち、ペンを持ってきて返事を書きました。

◆秀吉くん、きみはそんなことを思うんだね。正直びっくりした。だって、ふだんそんなことを言わないから。四年の時を思い出してみよう。やっぱりそういうイメージはなかったな。（拓海）

◆拓海くん、ちょっと言いすぎやねえか。そこまでひどかったか。まあ、自分でも四年の時と比べてもいいと思う。（秀吉）

◆秀吉くんは「ちょっと言いすぎ」と書いているけど、拓海は四年の時がひどかったと言いたいんじゃなくて、おどろいたと言いたいんだよ。ぼくもそう思う。だって、野球部でも体育でも五年になって文句が減ってきているよ。（雄大）

ノートは黒板の横にかけ、読みたい時に読むだけでもいいし、ひとこと感想を書いてもいいノートにしました。出来事を誰かが書き込むと、だれかが応答する自由な交換日記です。元気者

の男子を中心に書き言葉による交流が始まりました。二週間が過ぎたとき学級会が開かれ、「朝のチャイムが鳴るまでに自主学習を提出しよう」と提案されました。そこで、拓海くんが反対意見を言いました。

◆きのう、ぼくは提案に意見を言った。「学校で自主学習をするのは、ダメだと思います」緊張した。みんなが賛成してくれた。なんだかうれしくなった。みんながぼくの意見に賛成してくれたからだ。こんなことは初めてだ。（拓海）

◆拓海くん、ぼくはビックリしたよ。きみが提案するなんて、すごいと思ったよ。これまで、そんなことはしなかったろう。なんで提案したんだろう。わけを教えてくれ。（秀吉）

◆秀吉くん、ぼくのことを見ているんだね。それはね、チャイムが鳴るまでに学校でやって出すのはずるいし意味ないよ。だけどうれしいよ、秀吉くん。こんなふうにぼくを見ていてくれて。だけど、ぼくはそんなにひどかったか？　たしか四年の時はいっしょにろうかを走ったな。こんどは、きみがおしえてくれ。（拓海）

休み時間に読むとそのまま返信し、それを昼休みに誰かが読む。その様子を見て放課後ちらっと開いて帰る生活が続きました。一ヶ月がたちました。秀吉くんが風邪をひいてお休みしました。休み明けの日記です。

◆ぼくは、きのう休んだ。ヒマだった。ずっと寝て天井を見ていた。だれもいなかった。頭がガンガンした。泣きそうになったけど、こらえた。だれもいない家は、シーンとしていた。（秀吉）

◆秀吉くん、ひとりでいたのかい？　大丈夫だったのか。ぼくだったら、たぶん泣いていた……。きみは、平気だったのか。家でよくひとりですごせたな。こんど電話するよ。さみしくて、学校でふざけているのかい？（あおい）

◆秀吉くん、ひとりだったのか。いつも元気だから心配したよ。家によくひとりでいられたな。きみは友だちが多いから、うらやましいよ。早く元気なところを見せてね。ぼくもきみの友だちのひとりになれるかい？（雄大）

◆あおいくん、心配してくれてありがとう。だいじょうぶだったよ。ただ寝ているだけだもん。それに、はじめてじゃないよ。うれしいよ。雄大くんへ。もうぼくらは友だちじゃないか。雄大くんはたくさん発表するし、友だちも多いじゃないか。こちらこそよろしく。（秀吉）

◆おいおい、ぼくも友だちに入れてくれよ。ぼくらは友だちだったよね。ぼくは秀吉のこと、気にいっているよ。どこがって？　足が速い。ドッチボールが強い。委員長もした。すごいよ。そうだ、雄大くんのことも気にいってるんだよ。（拓海）

だれもいない家は、子どもたちの共感を呼びました。彼らが放課後の世界でどのように暮らし感じているのか、知っているようで知らなかったこと。子どもの見方や感じ方を絶えず子どもの言葉と自分の肌で感じようとし、感性を錆びないようにしなければならないと、ノートを読みながら思いました。交換日記はさらに続きました。

◆わかるよ、ひとりで寝ている気持ち。電話じゃ心のそこまで言えないけど、友だちは心のこもった言い方をしてくれる。たとえば、さみしい時は電話してこいよって言ってくれる。なみだがこぼれはしないけど、いつまでも友だちでいようと思っちゃうくらい。（忠介）

◆忠介にもそんなことがあるんだな。うれしくて泣いたことがあるんだな。ぼくも父さんと母さんが仕事でいなくて、ひとりのことがある。そんな時、同じことを思った。（秀吉）

◆秀吉くん、きみが遊びに来てくれてうれしいよ。毎日毎日ぼくはたいくつだった。ただ、弟の世話は忙しいけどね。ぼくの放課後は、六時に弟の保育園に迎えに行き、弟と帰る。ほとんどこのくり返しだった。そこへきみがやってきた。やってきた時、そんなことを考えたこともなかった。（忠介）

わたしは、秀吉くんをもっと楽にするにはどうしたらいいのか、考えてみました。そして、書き言葉を中心とした交換ノートを思いつきました。何かを言いたい。しかし、どう表現したらいいのかわからない。いえ、表現することさえも奪っている学校があり、子どもたちは暴力やいじめという形で爆発するまでガマンさせられています。この現実を読み取る力が、わたしたち大人にも子どもにも必要です。書き言葉は、じっくりと考える時間を与えてくれます。

でもね、ただじっと見つめれば見えるわけではないんです。いや、普段は見ないようにしているのかもしれません。交換日記を読みながら思いました。人の痛みや悲しみ、弱さや醜さ、全部見えるのは辛いから。そして、自分の指導を振り返り改めるのが怖いから。けれど、子どもたちの表面だけを見て対処療法的にトラブルに対応することは、たとえ収めることができても、本当の解決ではありません。子どもたちの否定的な言葉や荒れた行動の奥にある要求を暗闇から引き出さない限り、本当の解決などありません。

秀吉くん、きみたちの物語は始ったばかりです。もう一度信じてみませんか。人を家族を人生を。語ってください、あなたの言葉で行動で。わたしたちは、あなたの言動を受け止めます。否定の中の肯定を読み取り、大人が通訳してくれるなら、彼らはきっと新たな人生を進むでしょう。

12 うちはこれでも一二歳
——二者関係から三者関係へ

中城湾に浮かぶ月は日本のどこより美しい。特に満月の夜、中城の高台から海を見ると穏やかな太平洋の上にぽっかりと満月が浮かび、波と一緒に揺れて空と海の月がひとつの明かりとなり幻想的です。

わたしは満月が好きです。小さい頃、母に連れられて精米所に行きました。途中、精米機が壊れ長く待たされました。そのため帰りが遅くなり、すっかり暗くなりました。母が引くリアカーにちょこんと座り、空を見ると黄色い満月が出ていました。ふたりで十五夜お月様の童謡を歌いながら帰りました。

子ども時代の最も好きな場面です。子どもたちにも、同じように一生忘れられないひとコマを残してあげたいと思います。あなたは、確かにここにいた。きみが生きた時間は決して幻ではないと。

1　自分探しの旅にでる

沖縄の木々の葉は明るい黄緑色です。その葉は手のひらほどの大きさで、幾重にも重なって日陰をつくります。木の下に立ち、重なる葉の隙間から太陽を覗くと全身が光のシャワーを浴びるようで、気持ちがゆったりしてきます。これが沖縄の四月です。

わたしは六年生を校長に頼まれました。五年の時に女子が担任に反抗し、保護者会を繰り返しました。四クラスありましたが、ひと組を除いて波乱に満ちた一年でした。職員の誰もが知っていました。穏やかに過ごしたい、わたしは思いました。けれど、

「丹野さん、頼むわ」

何度か校長室に呼ばれ、

（ぼくも頼られるようになったんだな）

と嬉しくなり、曖昧な返事をしました。そして春、六年の担任になりました。アンリさんは四年の頃から担任に反抗しました。たとえば特別教室のカギを取って来ると、

「ほら、ババア！」

一メートルほど手前から投げつけました。ひとりぼっちの子がいると、ひそひそ話をしながら睨みつけ注意されると、

「告げ口したな。よわむし」

といじめ、苦情がたくさん来ました。他にも落書き、嫌な手紙、順番に人をはずすなど一〇人ほどの女子と繰り返しました。リーダー格のひとりです。一組とわたしの組は、このグループを二つに分けたパワーのクラス、三組と四組は不登校傾向や発達障害の子のいる大人しいクラスと色分けされていました。

わたしは、

「朝、学校に来たらグランドを三周しよう」

と呼びかけました。アンリさんは気だるそうに走りました。一緒に走っているのはエミさんと香澄さんです。エミさんはＰＴＡ副会長の娘で、西海岸沿いに小さなホテルを持ち、ピアノも上手でバスケットボールのキャプテンです。香澄さんは、去年トラブルの多い女子グループの準リーダーで、お父さんが車関係の個人商店を経営していました。家庭訪問で一時間も講義を受けました。こうやってアンリさんの居場所づくりを意識しながら活動が進みました。

そして、四月のまとめとして詩を書いてもらいました。香澄さんは、次のように表現してきました。

あさ、走る　　玉木　香澄

あさ、走る　いつまでも

リレー大会が終わるまで
ずっと、ずっと走りつづける
頭がいたい　めんどくさい　なんでだろう
夜　おそくまで起きていたから
でも、友だちと走る　ずっとずっと
走ることが　友だちとの友情を深めることになるのかも
だから　わたしは走る

みんなの前で読み上げると、給食時間にアンリさんがそっと作文用紙を取りに来ました。

クラス替え　　恋塚　アンリ

新しい教室　　新しい友だち
新しい机　　新しい席　　見るものすべてが新しい
これから　どんなことが起こるのか
わくわく　どきどきのクラス替え
私も　新しい自分になるために

今日から　新しい自分探しの旅にでる

わたしは、彼女の詩を二回三回と読み直しました。そして、

（さすが、ぼくやな）

と自分をほめました。けれどもうひとりの自分が、

（そんなに、うまくいくのかな）

疑問を投げかけました。

2　家出した

その後もガビョウ事件や下敷き落書き事件、牛乳投げつけ事件などが起きました。誰がしたのかと学級全体に問いかけると、子どもたちが一斉に突き刺すような目をしました。ふだん大人しい子どもたちまでです。

「どうして、そんな目をするの」

驚いて聞き返しました。けっこう勇気がいりました。すると、

「そうやって、これまで疑われてきた」

ひとりが答えると、子どもたちが口々に言いました。いじめは当事者だけでなく、周囲も巻き込

み、事情を聞かれ疑われた経験が傷となる、被害者に対しても加害者に対してもまわりに対しても、対応は難しいと再確認しました。

沖縄の六月は一年で最も過ごしやすく、台風が来る前の海は青さが三段階に分かれ美しい季節です。浜が近い海岸沿いは珊瑚礁でエメラルドグリーン。ちょっと沖はマリンブルー、その向こうに紺色の海が穏やかな波を揺らして続きます。きのうも浜比嘉島に行って海に浸かってきました。リフレッシュして学校へ向かいました。そこへアンリさんがやってきて、

「うち、きのう家出したんで」

通り過ぎて行きました。教卓に座り通信を書いていたわたしは、

（いま、きこえたような……）

と、思いましたが誰もいません。そのままにしておきました。二時間目の授業が終わり、板書を消しているとアンリさんが後ろを通り、

「うち、きのう家出した」

と、ささやきました。振り返ると、いつものふたりと一緒に歩いています。どういうことかなと黙って見ていると、そのまま外へ出ていきました。給食を食べ終わり昼休みになりました。宿題ノートをチェックしていると、

「うち、きのう家出したんで」

アンリさんがやってきました。わたしは、ノートを閉じ向かい合って話すことにしました。エミ

さんと香澄さんも呼びました。教師と子どもの二者だと、きまりや善悪に囚われ注意で終わりそうです。当事者と教師のことを二者関係と呼びます。上下の関係や取り組む、取り組まれる関係に分かれやすいです。それに対して三者関係とは、当事者と教師、それに第三者的な子を交え話すことです。これなら、一方的な注意で終わらず共感しながらじっくり語り合え、教師も冷静さを保てます。

「家出したって、どういうこと？」

小さな声で聞きました。

「母さんが、いろいろ言うの。それで、こんな家には居られないと思って、バスに乗ってオバァちへピューって行ったの」

手振りを交えてさっそうと説明しました。

「ええっ、マジ？」

「本当に家出したの。わかるなあ、その気持ち。うちの父さんもなあ、いろいろ言い出すとしつこいから、いやになるわ」

と、ふたりが相槌を打ちました。女子三人の会話は家の不満で盛り上がり、しばらく続きました。このおしゃべりが大切です。収まったころ、

「あなたたちも、家出したことがあるの」

恐る恐る聞いてみました。

「あるわけないやん。そこまでしたらマジやばい。思うだけで家出とかしてないよ。なあ？」

と、エミさんが香澄さんを見ました。

「そりゃそうやろ。当然」

あっさりと香澄さんが頷きました。アンリさんが「どうして？」という仕草をしました。また、ふたりが話しだしました。わたしは、

「アンリさんには、この人たちのように家出を引き止める、もうひとりの自分はいなかったの？」

と尋ねました。彼女は人差し指を左右に動かしました。

「だったら、これからはこのふたりを心のどこかに住まわせたらどうかな。カチンと来たとき、心の中のふたりにそっと相談するんだよ」

こんなふうに話すと、三人は中庭に出てガジュマルの木の下から空を見上げ声を上げて笑いました。

　六月の最後、今月の出来事を詩で表現しようと呼びかけるとアンリさんが、

「うちは何を書けばいいの」

つぶやきました。わたしは、

「あなたにしか書けないことがあるでしょう」

机を二回、ポンポンと人差し指となか指でたたきました。

バスの中　恋塚　アンリ

ゆら〜り揺れるバスの中
街灯光る夜のバス　ドキドキ不安の家出中
前に読んだ怖い話を思い出し　半泣き状態で窓の外を見る
バス停近づき　アナウンスがかかる　「真栄田岬〜、真栄田岬〜」
急いでバスを飛び降りて　おばあちゃんちへかけこんだ
ようやく家出の成功だ

アンリさんが原稿用紙を持ってきたとき、わたしは驚きました。

(これは演歌だ。天城越えだ。歌になってる)

それで、

「二番も書こうよ。歌には二番があるものだから」

と返しました。すると、

「二番って、どう書くんですか」

珍しく丁寧に聞いてきました。わたしは、

「一番と同じ言葉で普通は始まっているよ」

と答えました。それから少しして、アンリさんが原稿用紙を持ってきました。

ゆら〜り揺れるわたしの心
街灯光る夜の窓
いっしゅん　こうかいも旅の中
ここであやまったら　終わりだと
涙をぬぐって　ソファーにばたり
人の気持ちも知らないくせに
うちはこれでも一二才

3　逆襲

運動会が終わり、もうすぐプール納めだというとき事件が起きました。アンリさんの服が隠されました。学年で泳ぐ時間だったので、誰がしたのかわかりません。ただ、その日からアンリさんの動きがおかしくなりました。前のグループの人たちと廊下でおしゃべりする場面が増えました。給食準備中に一組の教室に勝手に入ることもありました。かつてのグループからの呼び戻し

です。注意した男子に激しく言い返すこともありました。そうやって、まわりの恨みを買いました。そんなとき、

「アンリさんは、牛乳を飲まなくて後ろの棚に隠している」

と、ふたりの男子が口を尖らせました。わたしは、

「きみは、本当は何が言いたいのかな」

問い返しました。すると、

「アンリのやつ勝手すぎる。いい加減にしてほしい」

いらだっていました。

「だったら、帰りの会で真っ向から対決したらいいよ。できるかい?」

わたしは彼らの顔を見ました。帰りの会です。ふたりが発言すると、アンリさんはのらりくらりと言い訳しました。だんだんふたりが怒り、

「いつも勝手すぎる!」

と問い詰めると、一組に逃げようとしました。ふたりがアンリさんを追いかけ連れ戻しました。ここからは、放課後話すことにしました。

はじめは互いに言い合いました。けれど男子は順に出来事を追求しました。そして、

「アンリ、自分勝手すぎやろ。牛乳を棚にそっと置くのを何回も見たんぞ」

ふたりが言いました。彼女は黙りました。ヘリコプターの音が聞こえます。外をチラっと見たす

きに、アンリさんが道具箱からカッターナイフを取り出して、右手で持ち左腕の内側に当て、

「ザーッッ！」

と、押し付けて引きました。

「うわっ……」

誰もが声を上げました。左腕の内側が、一〇センチほどミミズ腫れになり血が滲みました。刃は出ていません。何か言いたい。けれど、彼女はいま全身でそれを拒否している、わたしは動揺しました。

「うちのこと、何もわかってない。誰とも深く関わりたくない。だれともよ」

一二歳、今やっかいなことにわたしの心に、アンリさんの言葉が響いていました。

夕方六時前、彼女の家を訪問しました。お母さんは、

「大したことありません。いつものことです」

と、話してくださり玄関先で終わりました。ほっとした反面、こういう受け止め方でいいのか、今後の関わり方を考えました。

4　二者関係から三者関係へ

半月ほどお互い距離をとりました。するとアンリさんがやってきて、

「クリスマス会を提案したい」

と言い出しました。わたしは、ただ騒ぐだけのお楽しみ会にしたくない、と心配しましたが、ここでいろいろ言うと親と変わらない。任せようと思いました。そして、まず三者関係をつくろうと、

「あなたと同じ考えの人をあとふたり連れてきてね」

と言いました。エミさんたちが来たところで準備会をもちました。毎日のようにクリスマスツリーが集まり、当日はグループごとの出し物やプレゼント交換などが行われ、予想外に子どもたちの評判も良かったです。


わたしは、アンリさんのおかしな行動を注意しようと男子と取り組みました。その結果、驚く事態を招きました。アンリさんは、自分の過去を断ち切ろうとしましたが、もとの女子グループが呼び戻し苦しんでいたのかもしれません。冷静に振り返れば、彼女の人へのいじめや教師への反抗は、明らかに減っていました。五年まで大人に反抗し友だちをいじめていたアンリさんは、最後は刃を自分に向けました。今度こそ、過去と決別したかったのかもしれません。離任式の日、ステージで挨拶したわたしに学級を代表して花束を両手に持ち、彼女が目の前に立ちました。驚いていると、一瞬ニコッと微笑みました。

（悪魔か天使か……）

子どもたちの素朴な笑顔に魅せられ、だまされその繰り返しの教師生活です。それでいいんだと思います。

いじめをなくすには、その行動をやめさせることも重要ですが、それだけでは解決になりません。アンリさんの場合も同様です。何かを解決しなければ本当の解決にならなかった。けれど、それが何か今もわかりません。言えることは、アンリさんだって一二年かけて今がある、それを一年で解決しようとすることに無理があるんじゃない、わたしは思います。

自分ひとりで気になる子に関わると、

「ここまでしてやっているのに」

と、思う自分と出会いませんか。これが二者関係の弊害です。

「あなたの考えを教えてください」

第三者を取り込んで三者関係をつくりましょう。あるときはエミさんのような子どもであり、あるときは同僚や管理職、ときには関係機関かもしれません。

いじめの多くは、子どもたちが生まれてきた自分や家を恨み、他人を攻撃するものです。「オレはなんでこんな家に生まれたんだ」とね。しかし、もうひとまわり大きく見れば世の中の仕組みが家をつくっています。子どもも家族も被害者です。この大きな敵と向かい合っています。わたしたちはちっぽけで、アンリさんへの取り組みのように簡単にはいきません。わたしは、ここまでしかできませんでした。子どもたちの人生は続きます。あとは、あなたが引き継いでくれませんか。アンリさんは、花束の内側にこんな手紙をはさんでいました。

生きる

生きていること　今を生きていること
それは　ケンカをするということ　怒るということ
うれしくなるということ　淋しくなること　苦しくなるということ
生きているということ
今を生きるということ　それはハンドボール　それは星　それは人の笑顔
人は楽しいと笑い　悲しいと泣くということ
そして　闇にまけない光をもつこと

おわりに

この本は、わたしが長いことあたためてきたものです。わたしは、学級づくりをテーマに小学校で実践してきました。いじめのない、平和な学級をつくるためです。それは、みんなちがってみんないいを言葉だけでなく、ガチャガチャともめながら体験的に理解してもらいたいと願ったからです。

いま大学で、いじめをテーマに講義をしています。具体的な事例を取り上げ学生や大学院生と討論すると学校の体制が悪いとか教師や家庭、いじめる子に原因があるなど意見が出てきます。けれど、子どもと対話し関わってきて感じることは、簡単にどこかひとつの問題にはできないということです。物事はつながっているからです。しかし、物事はつながっていて、どこかひとつの問題ではないということは、あなたの責任だということであり、わたしにも責任があるということです。そんなふうに大人は、自分の責任だと思っているのでしょうか。

ある事件では、いじめた方が加害者で、いじめられた方が被害者だとしても、わたしは、いじめた側の気持ちや置かれている背景も気になってなりません。なぜ、そういう行動をとることになったのか。そうすることで何が言いたかったのか、気持ちを読み取りたいと思います。それは、いじめを起こした子も実は被害者かもしれないという思いがあるからです。

幼い頃にたっぷりと愛情を注がれず、満ち足りて育っていない子ども。けれど、大人にしてみれば暮らすだけで精一杯です。安心して暮らせる世の中になっていないからです。しかし子どもは、これでは上手く育ちません。幼い頃に十分得ることのできなかった愛情を、子どもたちは今も違った形で求めている。なのに、まわりは気づいてくれない。期待に応えてくれません。このような大人は子どもにとって敵です。子どもたちの言動は、年を重ねるごとに荒くなり、他人と自分を傷つけます。

だからこそ、小さなトラブルのうちに彼らの言動を読み取り、何らかの方法を取ることはできないでしょうか。大きな出来事になる前に、感じる力や背景を読みとる力をもとに、いじめに対抗する子ども同士の関わりをつくれないものか、一二の哲学としてまとめました。

それにしても、子どもたちはなぜ、いじめられるのに学校へ行くのでしょう。学校へ行かず、安全な場所にとどまることはできないのでしょうか。

しかし、大人の場合も過労死寸前であっても職場に行こうとする。過労死とは、仕事や職場にいじめられている、助けてもらえないということです。大人の社会や生き方がこうだから、子どもたちは学校に社会を映し、大人と同じように生きているように思えます。死ぬまで学校へ行くことはない。嫌なことから逃げて、休む時にはゆっくり休んでいいんだよ。逃げ出すという表現が悪ければ、もっと気持ちのままに休み、楽しいことを重視して生きることも大切で、それは情けないことでも、誰かに心配や迷惑をかけることでもないんだ、と子どもたちに教えなくてはいけません。何があっても生きてほしいと思います。

＊　＊　＊　＊　＊

学校関係の方は、特に加害者も被害者も出したくないと思います。けれども、そのためには三つのことが必要です。ひとつは、子どもの抱えている事情や悩みを読み取ること。一方的に教師が発信するのは自由ですが、あまり役には立たないでしょう。ふたつめは、学級の集団をまとめ関わり方を教え、子ども相互の理解を深めること。教師対子どもという構図ではないということです。最後に、家庭との連携は重要です。でも保護者が、あなたや学校と連携する気になるでしょうか。どうすれば保護者に受け入れられるのか。そういう視点で実践を見直し、つくってください。

保護者や地域の方は、子どもたちを安心してあずけられる学校であってほしいと願っていると思います。けれど、あなたの家庭や地域、部活などが暴力や乱暴な言葉でいっぱいであれば、子どもたちはそれを学び受け継ぎ、学校で再現します。あるいは、清流のように美しすぎる家庭であれば、まわりと環境が違いすぎ、交われないかもしれません。清濁あわせ呑むくらいのたくましさが必要です。つくづく子育てはむずかしいと思います。だからこそ、保護者や地域の方、そして学校が連携し共同して子どもの願いを聞き取り、こたえていかなくてはなりません。

わたしは、これまで出会った子どもを思い浮かべ、学んだことを加え、この本を書きました。大分で働き北海道で暮らし、沖縄でいろんな人に出会った人生の経験が子どもの見方を深めてくれました。みなさんも、人生の経験が増すごとに、子どもの見え方や受けとめ方が変わるのではないでしょうか。それが教育の不思議なところです。

最後になりましたが、この本の出版にあたり励ましアドバイスしてくださった高文研の飯塚直さん、本当にありがとうございました。

大人の仕事は、子どもたちに生きることは楽しいものだと教えることです。人生は友だち探しの旅、子どもたちに伝えてください。

咲きはじめた桜を見ながら

二〇一八年三月一五日

丹野　清彦

丹野　清彦（たんの　きよひこ）

大分の公立小学校で働き、暴れる子、落ち着かない子、家庭に恵まれない子と出会い悩む。そこで俳優の西田敏行さんの義兄から子ども理解と集団づくりについて学ぶ。現在は琉球大学大学院教授、全国生活指導研究協議会研究全国委員。

おもな著書に「今週の学級づくり」「子どもが変わるドラマのセリフ　もっと話がうまくなる」（以上 高文研）、「子どもをハッとさせる教師の言葉」「子どもと読みたい子どもたちの詩」「少年グッチと花マル先生」「ドタバタ授業を板書で変える」（以上 高文研　著者名は溝部清彦）、共著に「班をつくろう」「リーダーを育てよう」「話し合いをしよう」「保護者と仲良く」「気になる子と学級づくり」「インクルーシブ授業で学級づくりという発想」（以上 クリエイツかもがわ」などがある。

子どもの願い　いじめvs12の哲学

●二〇一八年四月一〇日――――第一刷発行
●二〇二三年三月一日――――第二刷発行

著　者／丹野　清彦

発行所／株式会社 **高文研**
東京都千代田区神田猿楽町二―一―八
三恵ビル（〒一〇一―〇〇六四）
電話 03（3295）3415
https://www.koubunken.co.jp

印刷・製本／シナノ印刷株式会社

ISBN978-4-87498-647-9 C0037